Human Buddha

# 인간석가

## 1
## 위대한 지혜

# 숙제를 마치며

김윤이金尹伊

붓다는 2500년 전의 인물임에도 지금도 곁에서 고마운 친구로 그리고 명확하고 친절한 스승으로 존재하고 있습니다.

인간적인, 너무나 인간적인 붓다를 처음 만난 건, 사춘기 시절이었습니다. 책을 덮은 후 감동의 진한 여운이 가시질 않았습니다.

붓다가 제시한 팔정도八正道의 길은 삶의 나침반이 되었습니다.

말이나 글로 제게 영향을 끼친 좋은 친구와 스승들이 많지만, 누군가 제게 책을 추천해 달라고 하면, 저는 주저없이 <인간석가>를 추천하곤 했습니다. 하지만 절판이 된 책이라, '도서관에서 빌려서 읽으세요' 혹은 '중고서점에서 잘 하면 구할 수 있습니다.'라고 할 수밖에 없었습니다. 그리고 언젠가 이 책을 다시 출판해서 세상에 내놓아야 겠다고 생각을 해왔습니다. 삶의 우여곡절을 겪으며 이제서야 숙제처럼 책의 개정판을 내놓게 되었습니다.

이 책을 작업하는 동안, 다시 붓다와 깊은 대화를 나누며 마음이 밝아졌음을 느낍니다. 참으로 감사한 일입니다.

붓다의 빛나는 말씀이 널리 퍼져 나가 사람들의 마음에 환한 등불이 켜지는 황홀한 상상을 하며 홀가분하게 숙제를 마칩니다.

진리를 선물하는 것이 (다른) 모든 선물의 공덕을 뛰어넘네.

진리를 맛보는 것이 (다른) 모든 맛보다 좋네.

진리에서 찾는 즐거움이 (다른) 모든 쾌락보다 낫네.

-법구경-

**개정판이 나오는데 큰 힘이 되어 주셨습니다.**

고 양 순 님 · 김 석 환 님 · 박 대 성 님

윤 상 현 님 · 이 옥 분 님 · 이 승 욱 님

황 정 미 님 · 익 명 님

**진심으로 감사드립니다.**

보시행을 보고 진심으로 기뻐할 줄 아는 사람들도 보시한 것과 같은 행위자라고 할 수 있으며 공덕을 입을 것입니다.

- <인간석가> 제 4장 연생의 제자들 §전도의 거점 中 -

# 목차 🪷

제 3 장   초전법륜初轉法輪

# 참다운 인간의 모습

고교신차高橋信次

　솔직하게 말해서 나는 소설같은 것은 거의 읽은 적이 없습니다. 하물며 그 구성, 줄거리의 전개, 인물의 묘사 등에 대해서는 아주 생소한 풋내기입니다. 창작이라는 것은 작가의 인생 경험이 기초가되어 주제에 대한 면밀한 자료와 현지조사, 오랜 시간에 걸친 구상이 작품의 배경을 이룬다고 듣고 있습니다. 그런데 이 [인간석가]에 있어서는 그러한 과정이 전적으로 생략되었으며 오로지 영적인 시사와 손의 움직임에 따라 절로 쓰여진 것입니다. 이런 의미에서 믿음성이 없고 진실을 전달하지 못한다고 탓할지 모르겠습니다.

　그러나 불교나 성경을 공부한 사람들의 말을 들어보면 내 이야기를 통해서 지금까지 몰랐던 사실이 분명해졌으며, 불경의 의미를 잘 이해할 수 있게 되었다고 좋아하고 있습니다. 뿐만 아니라 지금 내 주위에는 마음의 문이 열려 전생윤회의 과정을 증명하는 분들이 많이 나타나서 이 책의 내용이 진실하다는 것을 충분히 뒷받침해 주고 있습니다. 그런 터무니없는 일이 어디 있느냐고 반문하는 분이 있을지 모르겠습니다만 화엄경십지품華嚴經十地品이나 신약성서 사도행전 제 2장에 그 제자들이 과거세의 말(방언)을 하는 영적 현상이 기록되어 있는데 그와 꼭같은 현상이 지금 내 주위에서 일어나고 있습니다.

그래서 나는 뜻을 굳히고 이 책을 쓴 것입니다. 지금까지 출판된 석가전은 석가와 그 제자들의 행적이 주된 내용이며 출가에서 깨달음에 이르는 과정에 대해서는 거의 언급이 없는 것 같습니다. 당연한 일일 것입니다. 불경은 석가가 직접 쓴 것이 아니라 석가가 인도에서 45년간 설법한 것을 나중에 제자들이 문자로 기록한 것이며, 다시 티벳(지금의 네팔)을 거쳐 중국에 건너가서 한문으로 옮겨진 것입니다. 2천 5백 년이나 지나는 동안 불교학자들의 지知와 의意가 가미되어 그 본래의 뜻이 흐려진 것은 당연한 사실입니다. 불교(정법)는 머리로 아는 것이 아니라 마음과 몸으로 깨닫는 것입니다. 석가의 깨달음과 참된 정법은 무엇이었던가, 그 알맹이는 긴 세월 동안 안개 속으로 사라진 느낌입니다.

가령 불교 용어에 제법무아諸法無我라는 말이 있습니다. '만유萬有의 제법諸法은 인연생기因緣生起의 것이며 자아인 실체가 없음을 말함으로써 집아執我의 잘못을 저지르고 있는데, 이것을 가리켜 무아無我의 설說로 삼고 있다'는 것이 지금까지의 해석입니다. 의미가 아리송합니다. 나의 해석은 법이란 바로 질서입니다. 대자연은 그 질서에 따라 움직이고 있습니다. 따라서 질서에 자의恣意가 있어서는 안 됩니다. 그렇다고 해서 질서에는 그 밑바닥에 아무 것도 없다거나 의지가 없다는 것은 아닙니다. 질서에는 반드시 의지가 있습니다. 그 의지란 우右에도 좌左에도 치우치지 않는 중도의 마음인 것입니다. 하루에는 낮이 있고 밤이 있으며 결코 한쪽으로 치우치지 않습니다. 공기가 물이 줄었다 불었다 하겠습니까. 수만년 수억년 옛날이나 지금이나 변함이 없습니다. 무아는 중도의 마음을 가리키고 있습니다. 따라서 모든 법은 무아라는 중도를 축으로 움직이고 있으며, 일체의 생멸(실은 생멸하지 않는 것이지만...)은 중도에 의지하고 있는 것입니다.

인간의 생활도 이러한 자연이 가르치는 중도의 정신을 살려 나간다면 조화와 질서 있는 생활이 이루어질 것입니다.

이와 같이 불교 용어 한 가지만 예를 들어도 먼 인도 시대와 지금 사이에는 상당한 거리가 있는 것 같습니다. 물론 석가가 그러한 설법을 했는가 아닌가에 대해서는 지구라는 대자연의 환경 속에서 생활하고 있는 인간 그 자체를 깊이 살펴본다면 대개 짐작이 갈 것입니다.

아무튼 이러한 의미에서 기존의 석가전과는 상당히 내용이 다르며 특히 출가와 성도의 부분은 될 수 있는 대로 상세하게 기술하였습니다. 지금까지 자칫 석가는 인간이 아니라 신의 화신처럼 전해져 우상화된 경향이 있습니다만 인간의 고뇌 없이 어찌 인간이 깨달을 수 있겠습니까. 석가도 한 사람의 인간이었습니다. 그리고 그러한 가운데에서 참다운 인간의 모습을 발견하였으며 붓다가 된 것입니다.

이 글을 통해서 [인간석가]의 전모를 이해하고 그 정신을 생활에 실려 나간다면 필자의 기쁨 더할 나위 없겠습니다.

# 불자의 교전만이 아님을 확신

윤안輪岸 김해석金海錫

이 [인간석가]는 여느 석가전과는 특이하게 다른 데가 두 가지 있다.

그 첫째가 깨달음의 과정과 내용이 아주 극명하게 묘사되었다는 점이다. 깨달음의 경지는 깨달은 자만이 설명하고 표현할 수 있는 일이다. 저자 고교신차의 깨달음이 붓다의 경지의 것이었는지는 일단은 독자들의 판단에 맡길 수밖에 없다. 하지만 그의 일련의 저서 [마음의 발견] [마음의 원점] [원설·반야심경] 등을 아울러 읽어보면 이에 대한 해답은 자명해질 것으로 안다. 그의 저서며 강연 등이 모두 체험적 대각에서 얻어진 지혜의 용현湧現이었던 것인 만큼 그의 설법은 우리의 일상생활에 실감있게 전달되고 있다.

그 둘째는 석가전에 난데없이 그리스도와 모세가 붓다의 수호령·지도령으로 등장하고 있는 점이 특이하다. 석가보다 500여년이나 후의 인물인 그리스도가 붓다의 수호령으로 등장한다는 사실은 일반적인 사고방식(물질계의 3차원적 사고방식)으로써는 도저히 납득이 가지 않는 대목이다. 하지만 영계(공계空界)는 시간과 공간을 초월한 불생불사의 세계이고 지상의 육체적 형제와는 달리 비슷한 수준의 영혼들끼리 그룹을 짓고 생활하고 있는 실재계의 실상을 이해

한다면 그 궁금증은 쉽게 풀릴 것이라고 여겨진다.

석가, 모세, 그리스도는 영혼의 형제들로서 이 태양계의 아가샤 영단(지구인류를 말함. 우주공간의 다른 천체에도 인류가 살고 있음)을 이끌어가고 있는 대지도령들이다. 그래서 이들이 필요에 따라 이 지구상에 윤번으로 내려와 말법시대를 다스리게 되어 있는데 그때마다 서로가 서로의 수호·지도령의 역할을 담당하게 된다.

고교신차는 생전의 강연장에는 의례건 영적 현상이 무수히 일어났다. 이스라엘의 그리스도 시대, 인도의 고타마 시대의 장면들이 비일비재하게 재현되었다. 마음의 문을 연 연생의 사람들이 과거세의 말로써 재회의 감격과 당시의 상황들을 소상하게 들려주고 있다.

이 책에 나오는 인명, 지명 등의 고유명사가 오늘날 불가에서 쓰고 있는 것과는 상당히 다른 것도 있지만 가급적 원본 그대로 살려 적은 이유는 전기한 영적 현상에서 받은 인상이 너무나 고압적이고 신약성서 사도행전 2장과 흡사한 장면들이 너무나 감동적으로 신빙성 있게 재현되었기 때문이다.

[마음의 발견]을 처음 읽었을 때와 마찬가지로 이 [인간석가]를 옮기면서도 몇 군데 대목에서 나는 절로 눈물이 쏟아지는 감동에 몸을 떨어야 했다.

[인간석가]는 불자만의 교전이 아님을 확신한다. 이 책을 계기로 하여 기독교, 불교, 무교를 막론하고 만교가 귀일하는 그 일점에 진리는 오직 하나로 있을 뿐이라는 실상에 눈 뜨고 나아가 일상생활이 진리의 나타남인 자연의 중도를 척도로 삼고 성공적인 삶이 되기를 기대해 마지 않는다.

 끝으로 이 책의 출판을 가능하게 해준 법우인 재일교포 김정자金貞
子(우산가자友山佳子) 여사의 법보시에 깊은 감사를 드린다.

제 1 장

# 구도求道

## §탄생에서 출가까지

기원전 654년, 중부 인도의 사회는 호족豪族과 무장武將이 세도를 부렸으며 나라도 혼란하였다.

당시의 인도는 중부인도를 중심으로 약 16개의 군소 국가가 서로 패권을 다투고 있었다.

고타마 싯다르타 석가모니[1]는 이러한 가운데 고고의 소리를 울렸다. 고타마 싯다르타가 왕자였던 카필라성은 코살라국에 속해 있었으며, 그 국왕은 마하코살라였다.

강가(갠지스) 강江을 사이에 두고 남쪽에는 빔비사라 왕이 마가다국을 통치하고 있었다.

이러한 상황에서 오도悟道한 사람들의 출생의 조건은 뭐니뭐니 해도 자기 자신이 깨달을 수 있는 장소를 스스로 선택하고 있다는 사실이다.

고타마 싯다르타도 예외가 아니었으며 대국의 왕자로 태어나서는 자기 자신을 알 수도 없고 인간의 마음도 깨달을 수가 없는 노릇이다. 코살라국의 속국인 카필라성은 마하코살라의 눈으로 보면 한낱 요새에 지나지 않는 소국小國이었다.

룸비니 동산에서 고고의 소리를 올린 지 겨우 일주일 만에 어머니는 이 세상을 떠났다.

어머니의 이름은 마야라고 했다.

---

1) **고타마 싯다르타 석가모니**: 산스크리트어 सिद्धार्थ गौतम शाक्यमुनि (싯다르타 가우타마 샤캬무니)를 한자로 음역한 것으로, 고타마가 성씨이며 싯다르타가 이름이고, 석가모니는 샤캬족(석가)의 성자라는 뜻.

로히니강을 끼고 히말라야 산맥 가까운 곳에 석가족釋迦族과 동족인 데바다바 성이라는 조그만 나라가 있었는데 마야는 그 국왕의 누이동생이었다.

해산을 위해서 마야의 친정 동생인 마하프라자파티[1]가 카필라에 와 있었다. 이윽고 산월産月이 되어 마야는 친정으로 돌아갈 참이었다. 당시의 인도에는 해산은 친정에서 하는 풍습이 있었다.

그러나 역산이었기 때문에 달을 채우기 전에 고타마는 룸비니에서 태어났다. 대단한 난산이었다.

그러나 사내아이가 태어났다 해서 카필라는 온통 축제 분위기였다. 산모 마야는 고타마를 낳자마자 그 기쁨도 잠깐 동안이었을 뿐 겨우 일주일 만에 타계하고 말았다. 심한 난산으로 체력이 쇠진해 버렸기 때문이다.

고타마는 해산을 도우러 온 이모 마하프라자파티의 손에 키워지게 되었다.

고타마의 아버지 숫도다나 왕은 많은 처를 거느리고 있었다. 당시의 호족이나 왕은 많은 처를 거느림으로써 세도를 과시하는 풍조가 있었다. 마야의 죽음은 국왕 숫도다나에겐 큰 슬픔이었지만 자신의 후계자가 탄생한 것에는 크게 만족하였다.

고타마는 이런 환경에서 자랐다. 커 갈수록 많은 의문이 생겼다.

첫째로는 성 안의 호화스런 생활과 성 밖의 가난한 생활, 그 극심한 신분의 차별이었다.

---

1) **마하프라자파티**: 산스크리트어 महाप्रजापती गौतमी(마하프라자파티 가우타미) 팔리어로는 마하파자파티.

카스트라는 일종의 사회제도가 있어서 백성의 신분은 태어난 가문에 따라 평생 정해져 버리는 것이었다.

수드라라는 최하급의 노예는 영원히 노예의 신분을 벗어날 수가 없었다.

종교의 세계에서도 마하바라문이 큰 세력을 움켜쥐고 있었다. 그 바라문조차도 도道를 설법할 수 있는 사람은 지배계급의 출신이어야 했다. 하급의 출생자는 아무리 인격이 훌륭해도 불가능한 일이었다.

고타마는 어머니의 얼굴조차 몰랐다.

철이 들면서 자기를 낳자마자 죽은 어머니의 모습이 보고 싶어졌다. 그리움과 슬픔은 나이를 먹어 갈수록 더욱 심해졌다. 동시에 인간의 무력함, 자연의 덧없음에 눈을 뜨기 시작했다.

카필라성의 왕자로서 비록 호화스런 생활은 하고 있지만 언제 이웃 나라가 쳐들어 올지 몰랐다. 부하 가운데에도 적국의 간첩이 끼어 있을지 모른다.

음식조차도 독이 들어 있지 않나 살피고 먹어야 하는 긴장된 생활, 외관상으로는 호화스러웠지만 마음은 불안과 부조화의 연속이었다.

삶에 대한 집착, 삶으로 인한 고통과 괴로움은 날이 갈수록 더욱 마음을 어지럽혔다.

물론 실재계實在界에서 이 지상계地上界에 태어날 때에는 이미 이러한 정신적인 고통이 예정되어 있다. 태어난 환경이 완전무결하고 너무 유복하면 자신도 모르는 사이에 타락하기 쉽다.

고타마의 경우는 비록 몸은 왕자로 태어났지만 주위의 부자연스러운 환경에 스스로 마음의 눈을 뜨게 되는 것이다. 따라서 이러한 마음의 괴로움이 없으면 이 지상계에 태어난 인간의 목적과 사명을 잊어버리기 쉽게 된다.

당시의 카필라 성은 많은 병사들이 안팎에서 굳게 지키고 있었으며 성 밖의 시가도 매우 번화하였다.

그러나 청년이 된 고타마의 마음은, 인간은 왜 태어나고, 왜 앓으며, 왜 늙고, 어머니 마야처럼 왜 죽는가, 이 네 가지의 의문에 부딪치고 있었다.

청년 고타마는 마음속에 이러한 고민을 안고 무희舞姫의 춤과 술로써 한동안은 자신을 달래보기도 했다. 때론 눈부신 여체의 유혹 속에 자기 자신을 던져버리려고까지 했다. 하지만 그럴수록 마음은 더욱 공허해졌고 네 가지 문제는 마음속에 더욱더 넓은 면적을 차지해 갔다.

열아홉 살 때 외가인 데바다바 성의 공주 야쇼다라를 아내로 맞이하였다. 이것은 부왕 숫도다나가 평소 신임하고 있던 아시타라는 바라문 출신의 선인仙人이 고타마의 심중을 헤아리고,

　　"왕자는 언젠가는 성을 떠나 많은 사람에게 도를 설법하게
　　됩니다. 왕의 후계자로서 카필라 성에 붙들어 놓기 위해서는
　　하루 빨리 장가들이는 길뿐입니다."

라고 한 진언進言에 따른 것이었다.

그러나 이 때 고타마에게는 이미 몇 사람의 여성이 있었으며 제 2, 제 3의 부인에 해당하는 여성이 시중들고 있었다. 부왕의 배려에는 감사하였지만 신부를 맞이함으로써 마음의 전환, 생활에 대한 활력과 신선미는 기대할 수가 없었다.

오히려 부담감만 더해 갔다. 인간의 욕망에는 한도가 없으며 욕망에 사로잡히게 되면 그만큼 자기 자신을 상실하게 된다는 것을 고타마는 알고 있었기 때문이다.

그는 아내를 맞이하고 난 뒤로는 밤마다 지하실에서 명상에 잠기는 시간이 많아졌다.

그리고 '생로병사生老病死', 이 고통에서 인간이 벗어나는 길은 없을까 골몰하는 것이었다.

어느새 10년이란 세월이 흘렀다.

고타마는 스물아홉 살이 되었으며 국내외의 사정을 손바닥처럼 환하게 알 수 있는 나이가 되었다. 내정, 외교 등 모든 면에서 그는 부왕의 일을 도왔다. 그리고 정치에 관여하면 할수록 이웃 나라가 언제 쳐들어 올지 모르는 초조감에 사로잡혔다.

전쟁을 막기 위해서 정략 결혼에 의한 동맹관계를 맺는 일도 당시의 인도에서는 성행하고 있었지만 이해관계가 바뀌면 이러한 동맹관계도 아무 소용이 없었다. 더욱이 카필라는 소국小國이었으므로 그런 불안감은 더해 갔다.

그리고 이러한 불안감 초조감을 초월하기 위해서도 생로병사의 원인을 찾는데 고심하게 되었다.

어느날 부왕 숫도다나가 말했다.

　"너는 이제 곧 아이의 아버지가 될 몸인데 날마다 생각에만
　잠겨 있다. 네가 카필라 성을 떠나면 나는 도대체 어떻게 된
　단 말인가.
　나도 이젠 늙었다. 백성들을 살피고 내 뒤를 이을 왕자답게
　일해 다오."

　부왕의 말은 일국을 다스리는 통치자로서는 너무나 당연한 것이
었다. 적으로부터 공격을 받고 싸움에 지게 되면 나라의 백성은 노
예가 되게 마련이며 그 피해는 자손에게까지 미친다. 전쟁은 이기
지 않으면 안 된다. 평화를 유지하기 위해서는 상대에게 공격의 틈
을 주지 말아야 한다. 무력을 단단히 증강하고 적국을 견제해 나가
는 것이 일국의 최고책임자로서의 임무이다. 그 임무를 태만히 하
고 있는 듯이 부왕의 눈에 비쳤던 것이다.

　하지만 고타마에겐 그 이전의 문제가 있었다. 적국이든 아국이든
결국은 같은 인간끼리의 문제가 아닌가. 어째서 인간끼리 싸우지
않으면 안 되는가. 그리고 설사 싸움에 이겼다 해도 그 승리는 결코
연속되는 것이 아니다. 승리 뒤에는 언젠가는 또 패배가 있게 마련
이다. 승패의 와중에 인간이 빠져 있는 한 인간은 진정한 평화와 안
심을 획득할 수가 없다. 왜냐하면 승패의 세계에도 끊임없이 반복
되는 인과가 얽혀 있기 때문이다.

　승자의 오만과 패자의 증오...

　이 상관관계는 시계추처럼 좌우로 움직이며 승자는 다시 패자로

전락한다는 사실은 지나간 역사를 보아도 명백한 일이 아닌가. 나라를 지키기 위한 무력, 이기기 위한 전략, 그 자체가 이미 마음의 평화를 상실한 고통이 아닐 수 없다.

부왕이 하는 말의 뜻을 고타마는 너무나 잘 알고 있었다. 하지만 지금 자신이 고민하고 있는 깊은 속마음을 몰라 주는 부왕이 야속하였다.

　　"아버님께서 제가 안고 있는 세 가지 고민을 해결해 주겠다
　　고 약속하신다면 저는 이 성을 떠나지 않겠습니다.
　　첫째, 인간은 절대로 질병에 걸리지 않는다.
　　둘째, 나이도 먹지 않는다.
　　셋째, 죽지도 않는다..."

숫도다나는 고타마의 말에 아연실색하였다. 부왕은 머리를 싸매고 고민에 빠졌다. 이모인 마하프라자파티가 설득하면 고타마의 마음을 돌릴 수 있을까 시도해 보았으나 이것도 허사였다. 그래서 최후의 수단으로 고타마가 성 밖으로 빠져나가지 못하게 경비를 엄중하게 하는 것이었다.

그러나 이 경비도 이윽고 헛수고가 되는 날이 왔다.

고타마는 아버지와 아내를 버릴 결심을 굳혔다. 자신의 현재의 고민을 해결하기 위해서는 이 성을 떠나 국외로 빠져나가지 않으면 안 된다고 생각했다. 그렇다고 어디 일정한 목적지가 있는 것도 아니었다. 단지 이 카필라 성만 빠져나간다면 지금의 고민을 풀어나갈 실마리가 잡힐 것이라고 생각하는데 지나지 않았다.

어느 날 밤 성 안에서 주연이 베풀어졌다. 무희들의 간드러진 목소리와 남자들의 웃음소리가 고타마의 귀에까지 들리고 있었다.

마침내 날이 왔다.

탈출의 기회는 이 때를 놓치고서는 다시 없을 것이라고 생각했다.

결심을 굳힌 고타마는 성을 빠져나갈 차림을 갖추고 마굿간 당번인 찬다카 앞으로 다가가,

　　"말을 몰아라. 만일 내 말을 듣지 않으면 이 자리에서 너를
　　죽이고 말 테다."

하고 위협하였다.

찬다카는 숫도다나의 명령보다도 눈 앞에 서 있는 고타마의 험악한 표정에 겁을 먹고 단칼에 말을 몰아 성문을 열고 나왔다.

고타마는 그제야 자유로운 마상馬上의 몸이 되었다. 백미터쯤 달리다 그는 말을 멈추게 하였다. 29년간의 카필라 성의 생활의 감회가 문득 고개를 쳐들었기 때문이다. 돌아보니 카필라 성은 밤하늘에 우뚝 윤곽을 드러내고 있었다.

여러 가지 회상이 번갯불처럼 교차하며 지나갔다.

그러나 이렇게 밖에서 성을 바라보고 있으니 이상하게도 자신과 성과는 전혀 생소한 관계로 보이는 것이었다.

두 번 다시 성에서의 생활은 없을 것이다.

무엇 하나 불편없이 보낸 세월이었지만 지난 29년간의 생활은 지

금의 자신에겐 흡사 연기처럼 느껴졌을 뿐 몸 어느 구석을 살펴보아도 그 흔적은 찾아볼 수가 없었다.

성을 탈출한 것이 참으로 잘된 일이라는 생각이 들었다.

성에 두고 온 아내, 아버지, 이모 그리고 많은 부하들의 행복을 빌면서 다시 말머리를 돌려 약 다섯 시간 동안 단숨에 밤길을 달렸다.

찬다카는 말고삐를 붙들고 마치 공중을 날아가듯 달렸다. 머리 속에는 왕의 노여움이 떠올라 몸을 떨었다. 그러니 지금은 그저 달리는 수밖에 없다. 달리면 달릴수록 카필라는 멀어지고 왕으로부터도 멀어져 간다. 찬다카는 왕자인 고타마와 함께라면 이젠 어떻게 되든 상관없다고 생각했다.

다섯 시간이나 달리면 대개의 사람은 녹초가 되고 만다. 그러나 옛날 사람은 현대인과는 달리 다리가 튼튼하였다. 지금처럼 탈 것은 아무 것도 없었고 말을 탈 수 있는 사람도 한정되어 있었다. 따라서 거의 걷는 것이었다.

크샤트리아[1]는 하루 보통 200킬로 정도를 달렸다.

찬다카는 마부로서 카필라에서도 제일의 준족을 자랑하는 실력자였다. 다섯 시간을 말과 함께 날 듯이 달려도 그다지 숨차지 않았다.

고타마와 찬다카는 도중에서 한숨 쉬고는 다시 달렸다. 밤새도록 달렸다. 새벽녘에 바이샬리 교외郊外 아누푸리야의 숲에 다다랐다. 이 지점은 카필라에서 보통 사람의 걸음으로 4요자나나 되는 먼 곳이었다.

---

1) **크샤트리아**: 전통적으로 인도 사회의 정치와 무력을 담당하고 있으며 때문에 과거에는 왕족과 관료·무사 계급이 크샤트리아에 속했다.

하루의 보행거리를 당시의 말로 1요자나라고 한다. 1요자나는 오늘날의 거리로 환산하면 36킬로에서 40킬로 정도다. 따라서 약 140킬로미터 정도의 거리를 하룻밤 사이에 달린 셈이 된다.

이젠 추격의 손길을 벗어났을 것이라는 생각이 들어 일단 여장을 풀기로 했다.

주위는 울창한 숲이었다. 인기척이라고는 없었다.

몇 해 전에 이 숲속을 지나간 적이 있었는데 맑은 냇물이 흐르고 망고, 용안龍眼, 사과 등의 열매가 탐스럽게 열리는 푸근하고 편리한 장소였다.

밧지국 바이샬리의 북부에 위치한 조그마한 마을 근교였다.

그루터기에 걸터앉아 고타마는 나무 사이로 밤하늘을 쳐다 보았다. 하늘에는 무수한 별들이 반짝이고 있었다.

카필라 성에서 본 밤하늘과 지금 대지와 숲속에서 쳐다보는 밤하늘은 어딘가 크게 다른 데가 있는 듯 싶었다.

그 다른 점은 무엇일까. 어째서 그렇게 보이는 것일까.

지금의 고타마에게는 이해가 가지 않았지만 명멸하는 그 하나 하나의 별들에 손을 뻗치면 곧바로 닿을 듯 싶었다.

그리고 지금 이렇게 앉아 있는 대지가 전혀 남이 아닌 자신의 분신처럼 느껴졌으며 발로 탕탕 대지를 구르면 자신의 옆구리에 그 여운이 울려오는 듯했다.

이상한 감각이 다 있구나 하고 고타마는 고개를 저었다.

아침에 고타마는 찬다카를 성으로 돌려보내기로 했다.

찬다카는 어찌할 바를 몰라 불안에 쌓였다. 자기도 함께 있게 해달라고 애걸했다.

하지만 고타마는 들어주지 않았다.

가엾게 여겨졌지만 말과 함께 돌려보내기로 했다.

고타마는 입고 있던 왕자의 복장을 벗어 던지고 찬다카의 옷을 벗으라고 했다. 찬다카는 제발 그것만은 참아달라고 애원했으나 허사였다.

　　"나는 이미 성을 버린 몸, 이런 옷을 입고 있으면 수행에 방
　　해가 될 뿐이다. 빨리 옷을 벗어라. 너는 내 옷을 입고 성으
　　로 돌아가야 한다."

고타마는 땀내 나는 찬다카의 옷으로 갈아 입었다.

## §마음의 스승을 찾아서

고타마는 찬다카를 돌려보낸 후, 근처의 숲속에서 와크 선인仙人의 수도장 문을 두드렸다.

이 수도장에는 전란에서 도피해 온 많은 병사, 사로몬, 사마나들이 어떻게 해서라도 깨달음을 얻으려고 필사적이었다.

  "이 곳의 수도의 목적은 무엇입니까?"

고타마가 묻자 선인仙人은 대답했다.

  "지금은 전쟁에서 전쟁으로 이어지는 끝없는 전란의 세상,
  그래서 마음의 평안은 없다.
  따라서 내세에는 전쟁이 없는 평화스러운 나라에 태어나기
  위해서 이렇게 육체고생을 쌓고 있는 것이다."

고타마는 납득할 수 없었다.

  "만일 천상계에서 좋은 생활을 하기 위한 수행이라면 다음
  에 태어났을 때에도 또다시 이런 지독한 육체고행을 해야 하
  지 않는가.
  원인과 결과는 늘 윤회하고 있는 것으로 알고 있는데…."

라고 대꾸하니,

  "심한 육체고행이 겁이 나는가?"

와크 선인仙人은 고타마를 비웃는 것이었다.

수행자의 면면을 살펴보니 그 고행은 대단한 것이었다.

어떤 자는 활활 타오르는 불가에서 자기 육체를 그을러 그 아픔을 견디면서 자신의 번뇌를 끊으려 하고 있었다. 어떤 자는 찔레가시를 땅바닥에 깔아놓고 그 위에 알몸을 뉘고 있는데 출혈로 몸이 시커멓게 부어올라 있었다. 그런데도 그 고통을 필사적으로 견디고 있었다.

보기에도 끔찍했다.

고행苦行과 마음의 평화….

고타마에겐 이 두 가지가 아무래도 이치가 맞지 않는 일이었다.

마음의 괴로움을 없애는데 어째서 이런 참혹한 고행을 해야 한단 말인가. 또한 그와 같은 수행으로 과연 내세에서 자신이 바라는 기쁨 속에 태어날 수가 있을까.

문제는 내세가 아니라 현세가 아닌가.

도대체 인간은 현세에 무슨 목적으로 태어난단 말인가.

내세를 희망해서인가. 아니면 현세를 보다 잘 사기 위해서인가.

아무래도 고타마에겐 내세가 아니라 이 현세를 보다 잘 살기 위해서 태어난 것으로 생각되었다.

그렇다면 이 수도장에서의 고행은 자신이 괴로워하고 찾아나선 목표와는 아무래도 부합하는 데가 없었다. 그 목적도 수행방법도 자기의 생각과는 거리가 너무나 먼 것이었다.

현재의 원인이 미래의 결과로 나타난다는 윤회의 법칙을 깨닫지 못하고 있는 와크 선인仙人의 사고방식이 큰 실망을 안겨 줄 뿐이었다.

고타마는 거기서 3일간 머물다가 다른 수도장을 찾아 나섰다. 그래서 몇 사람의 유명한 선인仙人과 요가의 행자들을 만나보았다.

그 가운데에는 당시의 왕이 스승으로 받들던 도인도 있었지만 그 말과 행동이 일치하지 않았다. '생로병사'의 원인은 설명하지만 그 해결 방법이 와크와 별로 다른데가 없었다.

고타마는 근 일 주일 동안 근처의 수도장을 찾아 헤맸으나 아무 소득이 없었다. 특히 출가 첫날부터 와크에 걸던 기대가 어긋난 것이 앞길에 암운을 던져주는 것만 같았다. 출가는 잘못된 일이 아닐까.

카필라의 생활을 뒤돌아보고 몰래 성을 도망쳐 나온 자신의 행동이 옳았던가 잘못이었던가를 반성하는 것이었다.

만일 자신의 행동에 잘못이 있다고 판단될 때에는 다시 한 번 카필라 성으로 돌아가서 거기서 자기 자신을 찾아볼까 하는 생각도 해보았다. 하지만 고타마의 마음은 일주일 전의 탈출할 때의 그 마음과 조금도 다를 바 없었다.

비록 소국이긴 하나 장차 국왕의 자리에 오르게 되면 법을 깨닫기란 도저히 불가능한 일이라고 판단되었다. 인간의 마음은 생각만큼 꿋꿋한 것이 못 된다.

거짓말이라도 칭찬을 받으면 기쁘고, 등을 돌리는 사람은 역시 미워지게 마련이다. 이것이 인간의 숨김없는 감정이다.

천지天地를 벗삼을 것인가. 아니면 신하들의 시중을 받으면서 국왕의 위치에서 불법을 찾을 것인가.

어느 쪽인가.

천지天地를 벗삼는 길이야말로 지금의 자신이 선택해야 할 방향이라고 결론을 내렸다.

일주일 동안 생각한 고타마는 바이샬리 쪽으로 발걸음을 옮겼다.

## §다섯 명의 크샤트리아와의 만남

고타마가 야음을 타고 카필라 성을 도망쳐 나간 사실이 알려지자 성 안은 한동안 야단법석이 났다.

찬다카로부터 일의 전말을 전해 들은 숫도다나왕은 눈앞이 캄캄해졌다. 혹시나 하고 불안해 하던 일이 막상 현실로 나타나 자신의 앞길을 가로막고 있으니 말이다.

'아니야, 그럴 리가 없어. 고타마가 그런 엄청난 일을 저지를 리가 없어' 하고 스스로 부인해 보기도 했다.

그러나 사실은 사실이며, 이 사실을 지우고 원상태로 돌려놓기 위해서는 즉각 부하들을 풀어 고타마를 찾아오게 하는 길밖에 없었다. 찬다카의 보고를 들으면서 숫도다나는 온갖 해결책을 모색하기에 머리를 짜냈다.

차례차례로 여러 가지 복안이 떠올랐으나 쉽사리 결단을 내릴 수가 없었다. 싸움터에서라면 임기응변으로 민첩하게 판단을 내려 병력을 휘두르는 그였지만 고타마의 경우는 어쩐 일인지 최종의 단계에 가서 주저앉게 되고 마는 것이었다. 왕은 초조해졌다.

좌중은 무거운 침묵이 짓누르고 있었다. 미셀 대신을 위시한 중신들도, 계모 프라자파티도, 궁녀들도, 찬다카도 한결같이 왕의 입에서 무슨 말이 떨어질까 초조히 기다렸다. 지루한 시간이 흘러갔다.

이윽고 왕이 고개를 들었다.

좌중의 침묵을 깨고 자신에게 다짐하듯 입을 열었다.

"… 할 수 없다.

이런 일이 있지 않을까 벌써부터 짐작하고 있었다.

한번 마음 먹으면 후퇴하지 않는 고타마의 성격 아닌가.

도로 데려온다 해도 고타마의 마음을 돌려놓을 수는 없는

일이다. 그래 됐어…

찬다카 너도 수고했다… 푹 쉬어라… 신경쓰지 말아라.

너에겐 아무 잘못도 책임도 없는 일이니까…

모두들 오늘밤은 이 정도로 그치고 쉬어라…."

숫도다나는 힘없이 말꼬리를 흐리고 자리를 떴다. 이튿날 아침 숫
도다나는 코스타니야, 아사지 등 다섯 명의 젊은 무사를 불러 모았
다. 다섯 명은 고타마 왕자의 일로 호출받는 것이라고 짐작은 하였
으나 확실히 어떤 일인지는 짐작할 수 없었다.

왕의 명령은 지극히 간단한 것이었다.

"너희들 다섯은 고타마의 경호원이 되어 그의 신변을 지키
는 한편 식량보급을 담당하라."

다섯 무사는 서로 얼굴을 쳐다보았다. 말수는 적었지만 왕의 관대
한 조치에 감격했다.

어떤 나라에서는 부자가 서로 다투어 권력의 희생이 되기도 하는
데, 부왕을 버린 아들의 앞길을 염려하고 다섯 명의 경호원을 딸려
식량까지 보급하라는 것이 아닌가. 더욱이 부왕의 분부는 그 경호
의 임무를 평생토록 하라는 것이었다.

　다섯은 숫도다나 왕을 모신 것을 그지없이 자랑스럽게 여겼다. 서로 얼굴을 쳐다보면서 왕의 명령을 기꺼이 수행할 것을 눈빛으로 다짐하였다.

　이렇게 해서 다섯 명의 크샤트리아는 고타마를 찾아나섰다. 뒷날 이 다섯 명은 고타마의 제자가 되어 아라한의 경지에 이른다. 아라한이란 깨달음을 얻은 것을 의미한다.

　깨달음에도 무수한 단계가 있는데 아라한이 됐다는 것은 남의 마음을 어느 정도 읽을 수 있는 경지를 말한다.

　여기서 잠깐 인간의 마음에 대해서 언급해 두기로 한다.

　사람의 마음은 표면의식表面意識과 잠재의식潛在意識으로 구별되어 있다.

　깨달음을 얻게 되면 표면의식表面意識과 잠재의식潛在意識이 상통하여 오관五官에 의존하기 이전의 상황을 미리 알 수 있게 된다.

　가령 며칠 몇 시에 무슨 일이 일어난다는 예언, 내일 벌어질 일을 텔레비전을 보듯 환하게 아는 투시능력透視能力, 사람의 마음을 즉각 읽을 수 있는 독심능력讀心能力 등 일반적으로 이러한 능력을 통력通力이라고 말한다.

　불교에 육신통력六神通力이라는 것이 있다. 천안天眼, 천이天耳, 타심他心, 숙명宿命, 신족神足, 누진漏盡이 곧 그것이다.

　천안天眼이란 심안心眼이며 소위 영시靈視를 말한다. 영시靈視가 가능해지면 저 세상을 볼 수 있다. 묘지에 가면 죽은 사람이 서 있는 것이 잘 보인다.

천이天耳란 영청靈聽을 말한다. 죽은 망령의 목소리, 저 세상의 천사天使의 목소리를 들을 수 있다.

타심他心이란 사람의 마음을 볼 수 있는 능력이다. 사람의 마음을 볼 수 있게 되면 그 사람의 성격도 알게 되어 '이 사람은 성질이 급하다', '저 사람은 점잖다' 등 금방 알 수 있다. 그리고 지금 무슨 생각을 하고 있는지도 알아버린다.

숙명宿命은 사람의 운명을 영화 필름을 보듯 알아볼 수 있는 능력을 말한다. 숙명宿命의 통력도 그 정점에 이르면 사람의 과거, 현재, 미래가 손바닥처럼 들여다 보인다.

석가의 통력通力은, 숙명통宿命通을 비롯한 육신통六神通의 전부와 그 전부의 최고 능력을 갖추었었다.

신족神足은, 육신肉身은 동경東京(도쿄)에 있으면서 영체靈體가 순간적으로 미국의 백악관에 가서 그쪽 사정을 보고 올 수 있는 능력을 말한다. 2층 복도에 아무개의 사진이 걸려 있으며 대통령 집무실에는 워싱턴의 흉상이 놓여 있다든가, 금방 알 수 있다. 참으로 편리한 신통력이 아닐 수 없다.

끝으로 누진통漏盡通인데 이것은 욕심에 흔들리지 않고 욕심을 자유자재로 초월할 수 있는 능력을 말한다. 누진漏盡은 앞서 말한 다섯 가지 능력을 훨씬 능가하는 것이며 일상생활을 하면서 마음은 일체의 집착에서 벗어난 경지를 말한다. 이 누진漏盡의 경지를 뒤집어 보면 사물의 시비판단과 도리를 속속들이 알고 있는 대지식大知識이다.

그런데 이러한 능력도 그 심경에 상응하여 여러 단계가 있는데 그 단계가 높을수록 정묘하고 정확해진다.

아라한이란 마음의 문을 연 첫째 단계를 가리킨다. 말하자면 육신통력六神通力 가운데서 한두 가지 능력을 일단 갖춘 상태를 말한다.

고타마가 붓다가 되어 많은 제자를 거느렸는데 아라한의 경지에 이른 제자의 수는 수백 명에 달했다. 아라한의 심경心境이 높아지면 보디사트와[1]가 된다. 보디사트와가 곧 보살菩薩이다.

보살이 되면 신통력이 더욱 높아진다.

그러나 보살에는 엄격한 단계가 있어서 그 단계에 따라 능력의 정확성, 지혜의 심도가 달라진다.

코스타니야, 아사지 등 다섯 명의 무사는 다같이 아라한이 되었으며 그 중에는 보살의 단계로 올라가는 자도 있었다.

아무튼 아라한은 보살에 이르는 관문에 서서 보살의 능력을 갖출 수 있는 단계라고 볼 수 있다.

숫도다나 왕이 다섯 명을 보낸 마음의 밑바닥에는 혹시나 하는 한 가닥의 희망이 없지 않아 있었다.

그 희망이란 고타마는 아직 나이가 젊다. 세상 물정을 모른다. '생로병사를 초월한다'는 대망大望은 틀림없이 갸록한 것이긴 하나 그런 것이 인간에게 가능할 리가 없다.

......................................................
1) **보디사트와**: 산스크리트어 बोधिसत्त्व(보디사트와) '보디'는 깨닫다라는 뜻이고 '사뜨와'는 존재의 뜻이다, 팔리어로는 '보디사따'이며, 보살은 '보디사따'를 한자어로 음사한 것임.

　언젠가는 고타마도 힘이 빠져 카필라로 돌아올 것이다.

　그럴 경우 그를 혼자 내버려두고 가출을 묵인하는 꼴이 되면 고타마가 성으로 돌아오고 싶어도 돌아오기가 거북해질 것이다.

　식량이 보급되고 왕의 명령에 따라 다섯 명의 무사가 자기를 호위하고 있다는 사실을 알면 카필라 성과 자기 사이의 관계는 늘 이어져 있는 것이 되며 언젠가는 홀가분한 마음으로 이 다섯 명과 함께 돌아올 수가 있지 않은가.

　하지만 이러한 왕의 한 가닥 희망도 세월이 흘러갈수록 꺼져가는 촛불처럼 가물거렸다.

　　고타마가 출가를 결행한 근본 이유가 무엇이냐 하면,
　　첫째로 어머니 마야의 죽음이었고,
　　둘째는 카필라 성 안팎의 빈부의 차이,
　　셋째가 전란에서 오는 염세감,
　　넷째는 이모 마하프라자파티가 낳은 이복동생 난다와의 왕
　　위계승 문제,
　　끝으로 다섯째 이유가 아내 야쇼다라를 중심으로 한 여자들
　　간의 상극이었다.

‘생로병사’라고 하는 큰 의문 덩어리는 실은 이와 같은 다섯 가지의 현실적인 고민에서 자연발생적으로 비롯된 것이었다.

　만일 이러한 현실적인 원인이 없었다면, ‘인간은 무엇인가?’라는 의문도 품지 않았을 것이며 카필라에서 일생을 평범하게 보냈을지도 모르는 일이었다.

고타마의 고뇌와 출가의 결심은 부왕 숫도다나가 짐작한 것만큼 그렇게 간단한 것이 아니었다.

왕의 명령에 따라 카필라를 떠난 다섯 명은 수소문하면서 고타마를 찾아 헤맸다. 몇 군데 수도장에도 들려 보았지만 쉽사리 행선을 잡을 수가 없었다.

카필라를 나선 지 이렛 만에야 일행은 고타마를 만나게 되었다.

그 곳은 앞서 말한 바와 같이 밧지국의 바이샬리 북부에 있는 조그마 한 마을 근처의 숲속이었다. 고타마가 카필라에서의 생활과 출가에 대해서 반성하고 있는 모습을 보았던 것이다.

고타마는 8일째 아침 29년간을 반성하고 바이샬리로 향하게 되는데, 다섯 명이 고타마를 만난 7일째는 말하자면 고타마의 결심이 다시금 굳어진 마지막 날이었다.

처음 발견한 것은 찬다카였다. 그의 옷을 고타마가 입고 있었기 때문이다.

그들 일행은 고타마의 모습을 확인하자 거기서 20미터쯤 떨어진 큰 나무 뒤에 숨어서 참선중인 고타마를 살폈다. 조급해지는 마음을 억제하면서 고타마 쪽으로 서서히 거리를 좁혀 갔다. 고타마는 인기척을 느꼈으나 참선을 계속했다.

다섯 일행은 부왕의 슬픔, 카필라 성 안의 모습을 전달할 생각이었다. 그러나 참선은 좀체로 끝날 것 같지 않았다. 다들 견딜 수 없이 지루했다. 그동안 마셀 대신의 명령에 따라 몇십 명의 부하들이 별도로 뒤쫓아왔다.

찬다카는 정좌해서 두 손을 땅에 짚고 이마를 조아리며 고타마의 귀가를 애원했다.

몸집이 큰 코스타니야가 가까이 다가가 입을 열었다.

　"고타마 왕자님, 부왕을 비롯한 모든 분들이 왕자님의 출가를 슬퍼하고 있습니다. 카필라로 돌아가셔야 합니다. 이렇게 저희들이 왕자님을 찾아 뵈올 수 있게 된 것도 부왕님의 열망의 결과인가 싶습니다. 아무쪼록 출가를 재고해 주시기 바랍니다."

그는 고개를 숙여 참선중인 고타마를 향해서 애원했다.

코스타니야의 옆에는 마하 나만, 웃파카, 밧데야, 아사지가 무릎을 꿇고 역시 귀가를 재촉하였다.

고타마는 벌써부터 인기척과 일의 상황을 알고 있었지만 선정을 풀지 않았다.

　"반갑지 않은 녀석들에게 들켰구나."

고타마는 어떻게 대답을 해서 이들을 돌려보내야 할까 궁리에 잠기고 있었다. 왁자지껄한 사람들 틈에 낀 찬다카의 삐삐 마른 모습을 언뜻 엿보았을 때에는 일순 마음이 흔들리기도 했다. 윗사람으로부터 호되게 꾸중을 들었을 것이다. 큰 책임감을 느끼고 그 책임을 다하는 데에는 몸이 가루가 되어도 좋다고 각오하고 있을 찬다카였다. 지금 자기 앞에서 통곡하고 있는 그를 보니 고타마의 가슴은 아팠다.

이윽고 고타마는 조용히 선정을 풀었다. 그리고 똑똑하게 말했다.

　　"나는 한 가닥 고뇌의 원인을 끊기 위해서 카필라를 떠났다.
　나와 같은 고뇌에 허덕이는 사람을 구제하기 위해서도 깨달
　음의 길을 포기할 수는 없다.
　　부모와 처자의 괴로움도 이해 되지만, 언젠가는 그보다 더
　한 괴로움도 구제할 수 있다는 것을 알아주기 바란다.
　　식량도 의복도 도로 가져가거라.
　　여러분들의 염려는 뼈에 사무치도록 고맙다.
　　그러나 지금의 나에겐 모두가 다 쓸모없는 것들이다.
　　지금 당장 돌아가기 바란다. 나에 대한 걱정은 필요없다.
　　부왕을 비롯한 여러분들에게 안부나 잘 전해 주게."

흡사 처음 만나는 사람을 대할 때의 말투였다.

일동은 할 말이 없었다.

코스타니야도 아사지도 고타마의 성격은 알 만큼 알고 있었다.

물러설 줄 모르는 고집이 있는 반면 유달리 동정심이 많고 사람의
마음을 소중히 여기고 있는 고타마를 그들은 누구보다도 깊이 믿고
따르고 있었다.

왕자의 말투가 냉정하였지만 조금도 개의치 않았다.

다섯 명은 부왕의 명령도 있고 해서 이번에는,

　　"그렇다면 왕자님을 시중들 수 있게 곁에 있게 해주시기 바
　랍니다."

하고 청원했다. 다섯 명은 왼쪽 무릎을 땅에 꿇고 큰 몸체를 굽혀 오른 손을 가슴에 대고 함께 남아 있을 의사를 표시했다.

　“…안 돼. 너희들은 성에 돌아가야 한다.”

그 말은 준엄하여 그들을 근처에 얼씬거리지도 못하게 하는 것이었다. 다섯은 더 이상 말을 붙여볼 수도 없었다.

부왕 숫도다나도 신념의 사나이였다. 한번 결단을 내리면 좀체로 마음이 바뀌는 일이 없었다. 하지만 부왕은 일국의 왕이라는 입장도 있었으므로 경우에 따라서는 사람의 심리상태를 곧잘 포착해서 완급자재緩急自在로 정치적 수완을 발휘하고 있었다.

즉, 상황에 따라서는 타협도 하였으며 회유책을 쓰기도 하였다. 전진과 후퇴를 마음대로 하였다.

그런데 고타마에겐 이러한 정치성이 전혀 없었다.

오직 외곬이었다. 옳다고 믿으면 결과야 어떻게 되든 어디까지나 밀고 나갔다. 신변의 위험도 돌보지 않았다. 그러한 외고집이 고타마의 경우는 대개 무리없이 통하는 것이 신기하였다.

왕자의 신분이니까 대개의 응석은 통과하게 마련인 그러한 통과가 아니라 고타마가 움직이면 어느새 주위가 다 그에게 굴복하고 마는 그런 신기한 일방통행이었다.

언젠가 이런 일이 있었다.

카필라 성 안에 한 마리의 공작孔雀이 날아 들었다. 부왕은 그것을 붙잡아 울 안에 가두어 놓고 애지중지 키웠다.

　그러던 어느 날, 하녀가 모이를 주고 있는 사이에 공작은 울을 빠져 날아가 버렸다. 부왕은 몹시 화가 났다. 하녀를 하옥시키라고 고함지르는 것이었다.

　이것을 들은 고타마는 부왕께 아뢰었다.

　　"공작은 도망친 것이 아닙니다.
　　날아가게 놓아준 것입니다. 하녀에게 명령한 것은 접니다.
　　하옥시키려면 저를 하옥시켜야 합니다."

　　"무엇이라고? 내가 가장 아끼는 것을 네가 놓아주었다고,
　　내 자식이라도 내 명령에 거역하는 자는 살려 둘 수 없다!"

　왕은 어깨를 치켜올리고 그만 감정을 폭발시키고 말았다. 사건은 고약하게 되어갔다. 그러나 다음 순간 왕은 실수를 깨달았다. 기껏해야 공작 한 마리의 일이 아닌가. 그 공작과 왕자의 목숨을 바꾸다니 참 어처구니 없는 말을 했다고 후회했다. 이렇게 생각이 미치자 왕은 누가 가운데 나서서 일을 수습해 주지 않을까 주위를 둘러보았다. 이 땐 이미 왕의 마음속엔 노여움이 사라지고 없었다. 하지만 얼굴만은 여전히 노여운 표정이었다. 후회하는 마음과는 반대로 짐짓 노여운 표정을 짓고 있을 뿐이었다. 왕의 곁에 있던 마하프라자파티가 왕의 마음을 재빨리 읽었다.

　　"기껏해야 공작 한 마리의 일로 그렇게 흥분하지 않아도 되
　　실 일이 아닙니까. 도망가게 놓아주었다면 그 이유를 들은
　　연후에 처리해도 늦지 않을 것입니다.

마음을 진정하시기 바랍니다."

하고 입을 열었다. 그리고 나서 고타마 쪽으로 자세를 돌려,

"무슨 이유로 놓아주었습니까?"

하고 물었다. 고타마는 그녀의 눈을 뚫어져라 쳐다보면서 지엄한 표정으로,

"만일 어머님께서 남의 나라에서 길을 잃고 붙잡혀 울 안에 갇혔다면 어떻게 하시겠습니까?"

하고 반문하였다. 왕비는 순간 말문이 막혀버렸다.

"…."

"공작도 역시 생명체입니다.
　더욱이 길을 잃고 날아 들어온 것, 야생이면 숲속에 형제가 기다리고 있을 것입니다.
　어미라면 자식들이 기다리고 있을 것입니다.
　사육하는 것이라면 그 사육하는 주인에게 돌려주는 것이 도리라고 생각합니다.
　붙잡혔을 때부터 부왕께서 언제 놓아주실까 하고 기다리고 있었습니다만 놓아줄 기미가 보이지 않았습니다.
　그래서 제가 하녀를 시켜 옛 보금자리로 돌아갈 수 있게 놓아준 것입니다.

부왕님께 사전에 말씀드리지 못한 것을 거듭 사과드립니다.
부왕께서 그토록 애지중지하시는 것이라 그만 말씀드리지
못하고 저 혼자 독단으로 일을 저질러 버리고 말았습니다.”

고타마는 평소의 소감을 거침없이 쏟아놓았다. 부왕은 쓸쓸한 얼
굴로 듣고 있었다.

“알았습니다. 왕자님의 말씀에 동감입니다. 공작은 친정 아
버님께 부탁해서 한 마리 가져오도록 하겠습니다.
임금님, 오늘의 일은 부디 저에게 맡겨주시기 바랍니다.”

프라자파티는 왕과 고타마의 사이에 들어 이렇게 사건을 수습했
다. 공작 소동은 이렇게 끝났는데 고타마에겐 이와 같은 성격의 일
면이 있었다.

공작은 당시 중부 인도를 중심으로 인도 전역에 분포하고 있었다.
꿩과에 속하는 인도공작은 머리털이 부채꼴로 퍼지며 몸은 진한 쪽
빛이 대부분이다. 개량 품종에 흰색 공작이 있다. 인도공작은 인도
에서 최고로 아름다운 새이며 오늘날 국조國鳥가 되어 있다. 또한
태국, 말레이반도, 자바에도 서식하였으며 일본에는 5세기 후반에
중국을 거쳐 들어왔다. 이땐 이미 가금家禽으로 사육되고 있었다.

코스타니야 일행은 고타마와는 더 이상 이야기해 보아야 소용이
없다고 판단하고 일단 후퇴하여 앞으로의 대책을 논의했다. 거기
엔 찬다카도 끼었다. 그 결과 다섯 명의 크샤트리아는 고타마의 수
행에 방해가 되지 않는 범위 내에서 자기들도 수도하면서 고타마의
신변을 보호하기로 의견의 일치를 보았다. 성에는 돌아가지 않기로

했다. 카필라 성에는 찬다카가 돌아가서 보고하도록 했다. 찬다카
는 그 일만은 제발 맡기지 말아 달라고 애걸해 보았으나 소용 없었
다. 찬다카는 고타마 앞으로 다가가 작별의 인사를 울렸다.

　　"너 혼자 돌아가는가.
　　그래… 여러분들에게 안부나 전해라.
　　언젠가 다시 만날 날이 있겠지.
　　그 때까지 몸조심하고 건강하여라.
　　그런데 코스타니야 등이 보이지 않는데 어찌된 일이냐."

하고 고타마는 찬다카에게 물었다. 찬다카는 조금 전에 의논한 다
섯 명의 계획을 밝힐 수도 없어서 우물쭈물했다.

　　"예, 아무튼 저 혼자 돌아가서 왕자님의 결심을 보고드리겠
　　습니다. 왕자님도 부디 몸 건강하십시오."

고타마는 언제나 꾸중듣는 역할만을 도맡아 하는 찬다카의 처지가
가엾게 느껴졌다. 그러나 정도正道를 얻기 위해서는 마음을 독하게
먹지 않으면 안 된다고 생각하여 그 이상 입을 열지 않았다.

숲 속의 하루가 바야흐로 저물기 시작했다. 나무들의 그늘이 산자
락에 길다란 줄무늬를 그렸다. 그 사이에 몇 줄기의 연기가 보인다.
그 연기는 하늘로 뿌옇게 피어올랐다. 연기는 살아있는 인간의 증
명이며 수도자들의 밤 준비였다. 하늘은 아직 환했다. 서쪽 하늘은
붉게 물들었으나 별이 보이지 않는 맑고 푸른 공중에 뜬 솜같은 구
름이 석양 빛에 여러 모양으로 물들여지고 있었다.

자연이 그리는 한 폭의 아름다운 그림이었다.

찬다카는 짐을 챙기고 나서 고타마에게 넙죽 일배一拜하고 석양 쪽으로 걸어갔다. 어깨가 늘어진 그의 걸음걸이에는 힘이 없었다.

처연하게 나무 사이로 사라져가는 찬다카의 그림자가 고타마의 눈에 물기가 되어 아른거렸다.

고타마는 일어섰다.

그리고 지워지지 않는 기나긴 그림자를 남기면서 멀어져가는 한 점을 언제까지나 지켜보고 있었다.

바위처럼 꼼짝 않고….

## §숫도다나와 가족의 슬픔

찬다카가 카필라 성에 돌아왔다.

그가 돌아오자 성 안은 소연해졌다. 고타마가 함께 돌아온 것으로 생각한 사람도 있었고, 아무튼 일의 진상을 알 수 있게 되었다고 다들 들떴다.

성 안의 공기가 소연하면 할수록 찬다카는 기가 죽었다. 고타마의 귀성歸城을 알리는 희소식이라면 몰라도 두 번 다시 돌아오지 않는다는 괴로운 소식을 어떻게 순순히 알려드릴 수 있겠는가.

그것도 왕에게….

그리고 결혼해서 12년 만에야 겨우 아들을 낳은 고타마의 제1부인 아쇼다라의 면전에서 어떻게 괴로운 보고를 할 수 있단 말인가?

고타마의 아들은 라훌라라고 불렀다. 라훌라란 다리 위의 돌이란 뜻이다. '라후'는 돌, '라'는 다리라는 뜻이다.

당시에는 적교吊橋가 많았다.

적교吊橋 위에 돌이 있으면 위험해서 그 다리를 건너갈 수가 없다. 돌과 사람의 무게 때문에 언제 다리의 쇠줄이 끊어질지 모른다. 따라서 라훌라는 장애물障碍物이라는 뜻으로도 통한다. 고타마는 출가할 수 없는 자신의 처지를 비유하여 이러한 이름을 붙였었다.

부왕은 라훌라가 태어남으로써 고타마가 출가를 단념하리라는 일말의 희망을 품었었다.

그러나 그러한 희망도 이젠 물거품이 된 것 같다.

찬다카의 보고는 부왕의 계획을 일체 무無로 돌려놓았다.

참으로 제행諸行은 무정無情이었다.

제행무상諸行無常이라는 중도의 마음에 인간이 귀의歸依한다면 세상의 무정無情에 사로잡힐리야 없으련만 무상無常을 무정無情으로 착각하고 있는 이상 인간은 중도의 마음을 붙잡을 수가 없다.

무정無情에는 자아自我가 있고 고뇌가 있으며 슬픔이 있다.

인간이 이 세상을 헤매는 동안에는 평안을 얻을 수 없다.

이것이 갖고 싶다, 저것이 필요하다 등의 욕망은 하늘과 땅, 남자와 여자, 부자와 가난뱅이, 지배자와 피지배자 등의 대립관계가 있는 한 없어지지 않는다.

만일 인간이 그러한 상대적인 세계를 벗어나 자신을 바라보고, 또 바라본 그 자신의 입장에서 다시 외계를 바라본다면 이러한 욕망의 자아는 생겨나지 않는다.

무정無情의 감각은 자아라는 자기보존에 그 뿌리를 내리고 있다. 그리고 이러한 뿌리가 있는 한 인간은 슬픔에서 해방될 수 없다.

무정無情은 그림자처럼 따라다니며 사람의 마음을 괴롭힌다.

무정無情이 무상無常으로 바뀔 때 인간은 비로소 진성眞性의 자기를 발견하게 된다. 늘 한모습으로 두지 않고 있는 신神의 놀라운 예지를 읽을 수 있기 때문이다. 늘 한모습으로 있지 않는 모습이란 만물이 태어나고 만물이 생멸하기 위한 필요불가결의 요건으로서 영원히 변치않는 이 현상계現象界의 모습이다.

만일 이러한 생멸의 모습이 없다면 인간도 삼라만상도 그 존속이 불가능해지고 만다.

인간은 이러한 현실에, 이러한 무상無常한 현상계에 눈을 뜨고, 신불神佛이 짠 설계의 의도가 어디에 있는가를 깊이 살펴보아야 한다.

부왕의 침통, 야쇼다라의 슬픔을 생각하니 찬다카의 마음은 더욱 무거워져 성 안의 소연한 공기와는 정반대로 기가 죽을대로 죽어 있었다.

하지만 그는 서둘러 숫도다나왕, 근친자, 중신들이 기다리고 있는 왕실로 걸음을 옮겨갔다. 왕궁의 긴 복도는 여러 번 걸어본 적이 있었지만 오늘처럼 짧고 싸늘하게 느낀 적이 없었다.

찬다카의 모습을 보자 숫도다나왕은 재빨리 일의 전말을 파악했다. 찬다카의 처연한 모습이 모든 것을 말하고 있었기 때문이다.

찬다카의 더듬거리는 보고가 끝나기도 전에 야쇼다라는 울음을 터뜨렸다.

고다미라는 셋째 후궁도 치밀어오르는 슬픔을 억누를 수가 없었다.

둘째 부인 고파는 고타마가 출가한 그 날부터 자리에 눕고 말았다. 그녀로서는 고타마가 인생의 전부였기 때문이다. 고타마와의 대화는 그 한 마디 한 마디가 뇌리에 깊이 새겨져 언제라도 생생하게 회상할 수가 있었다. 자기만큼 고타마를 아끼고 염려하는 사람은 없다고 자부하고 있었다.

첫째와 셋째 사이에서 여자의 운명을 한탄한 적도 한두 번이 아니었지만 고타마의 얼굴을 대하기만 하면 그런 감정은 안개처럼 사라졌다. 일시적인 기쁨 속에 여자의 사는 보람을 찾는 길 뿐이었다.

그러나 고타마의 출가와 더불어 이젠 그러한 기회는 영원히 돌아오지 않고 말았다. 고타마가 없는 자신은 빈 껍질에 불과했다.

육체는 지녔어도 하루하루 감각이 무디어져 가는 것을 느꼈다. 찬다카가 돌아왔다는 소식은 멀어진 의식을 현실로 되돌려 주었다. 궁녀들의 부축을 받으며 여럿이 모인 왕실로 들어가 찬다카의 모습을 바라보았을 때는 그가 고타마가 아닌가 마음이 산란해졌다.

찬다카의 보고는 고파의 한 줄기 희망마저 앗아가 버렸다.

모든 것이 끝났다. 그녀는 목이 말랐고 나무토막처럼 쓰러졌다.

숫도다나왕은 찬다카의 보고를 귀기울여 듣다가,

　"그만, 됐어. 너무 수고했다. 피곤하겠지.
　빨리 돌아가서 쉬도록 하여라."

하고 그의 말허리를 잘랐다. 왕실은 여인들의 슬픔으로 가득찼다.

하지만 연로한 숫도다나왕은 냉정하였다.

앞서도 언급하였지만 그래도 그에겐 아직 한 가닥 희망이 있었다.

고타마는 아직 젊다.

생로병사의 수수께끼는 붓다가 아니고서는 풀 수가 없다.

고타마의 비범한 자질은 아버지인 자기에게도 여러번 보이긴 하였지만 결국은 인간의 자식이고 내 아들이 아닌가.

언젠가 때가 되면 반드시 돌아올 것이다.

돌아올 날을 위해서 다섯 명의 무사들이 나와 고타마의 사이에서 연결을 짓고 있지 않은가.

그것만으로도 내 마음을 알아주겠지….

## §한 여인의 보시

산에서 생활하는 일은 어느 정도 익숙해졌다고는 하나 역시 생각 이상으로 힘들었다.

그 첫째가 음료수 문제였다.

음료수는 내에서 길어 오는 수밖에 없었다. 냇물은 누렇게 흐려 그 것을 그대로 마실 수는 없었다. 배탈, 설사가 나기 때문이다.

카필라 성과는 달리 무엇이든 혼자 힘으로 해야 한다. 깨달음을 얻을 때까지는 무슨 일이든지 신중하고 자중자애自重自愛하지 않으면 안 되었다.

그래서 음료수는 사슴 가죽으로 만든 채에 잘 걸러 마셨다.

한여름 태양열에 미지근하게 데워진 냇물이다. 온갖 잡균이 버글 거려 아무리 잘 걸러도 악취를 풍길 때가 많았다. 그런 물을 목구멍 에 넘길 때는 몹시 역겨웠다.

카필라 성의 물맛은 참 좋았다는 감회에 사로잡히기도 했다.

산속과 강가에는 여러 가지 과일이 많아 허기는 면할 수가 있었지 만 날마다 과일만으로는 몸이 견디기 어려웠다.

그래서 이따금 마을로 내려가 탁발하여 먹을 것을 얻어 왔다.

인도에는 당시에도 사로몬(슈라마나, 비구比丘)에 대한 존경심이 커서 문간에 서기만 하면 인심 좋게 곡식이나 채소를 나누어 주었다. 얻 어 오는 먹거리는 매우 초라한 것이지만 베풀어 주는 인정은 훈훈 하기만 하여 항상 고마운 마음이 가슴을 뭉클하게 적셨다.

하루는 어느 가난한 집 문간에 섰다.

집 안은 조용했다. 집이 작기 때문에 문간에 서니 집 안이 그대로 다 들여다 보였다. 집 주인인 듯한 남자가 멍석 위에 누워 있었다. 오래 앓고 있던 것 같았다. 몸은 빼빼 말랐고 힘 없이 천장만 쳐다 보고 있었다. 그 둘레에 너댓 명의 아이들이 둘러앉아 있었다. 산발 머리의 아낙네가 아이들 하나 하나에게 얼마되지 않는 죽을 나누어 주고 있었다.

한눈에 집안 형편을 알 수 있었다.

고타마가 발길을 돌리려고 하는데,

"누가 왔다."

한 아이가 소리를 질렀다.

그 소리에 고타마는 멈추어 서고 말았다.

어머니인 듯한 여인은 죽을 나누던 손길을 멈추고 고타마 싯다르 타의 모습을 아래 위로 훑어보고 나서는 그의 앞으로 다가왔다. 자 기 몫으로 남은 적은 죽이지만 받아 달라고 내미는 것이었다.

집 안이 어두컴컴해서 잘 몰랐는데 가까이 온 여인을 보니 옷은 꾀 죄죄하고 흩어진 머리카락은 먼지가 앉아 불그스레했다. 볕에 그을 은 얼굴은 가난한 살림의 괴로움을 말하고 있었지만 눈빛만은 호수 처럼 맑고 아름다웠다.

"고맙습니다. 마음만으로 충분합니다.
진심으로 그대의 호의에 감사드립니다."

고타마는 가볍게 고개를 숙였다.

여인은 고개를 저으며 한 모금이라도 좋으니 잡수어 달라고 오히려 부탁하는 것이었다.

고타마는 생각했다.

만일 이대로 돌아간다면 여인의 호의를 짓밟는 것이 될 것이다.

한 모금이라도 좋으니 드시라고 조르는 저 마음씨는 욕심을 떠난 그녀의 신앙심을 최대한으로 표현한 것에 틀림없다.

자신의 몸을 돌보지 않고 저녁 공양을 보시하는 여인의 마음씨에 감동한 나머지 집안 형편도 환자도 어린이들도 눈에 들어오지 않았다.

고타마는 죽그릇을 받아들고 한 모금 두 모금 입안에 집어 넣었다.

굳었던 그녀의 얼굴이 녹고 웃음이 번졌다.

고타마도 미소 지었다.

고타마는 고개 숙여 깊은 절을 하고 그 자리를 떠났다.

그 날은 더 이상 탁발을 하지 않고 곧바로 산으로 돌아왔다.

돌아와서 조금 전의 그 여인의 보시를 두고 다시 한번 생각에 잠겼다.

진심이 깃든 보시는 사람을 감동시킨다.

새로운 용기를 북돋워 준다.

사심邪心을 씻고 새로 태어난 유아같은 마음으로 되돌려 놓는다.

인간이 어린이 같은 마음으로 서로 조화를 이루고 상부상조해 나갈 수만 있다면 이 세상은 그대로 불국토가 될 것이다.

 슬픔을 덜어주고 기쁨을 나누어 가지는 그러한 마음이야말로 인간 본래의 성품이 아니겠는가.

 그런데 현실은 어떠한가.

 무슨 목적으로 무엇을 바라고 인간은 서로 싸우고 있는 것일까.

 나라를 지키기 위해서일까.

 가정을 일으키기 위해서일까.

 남을 굴복시켜 호령하고 싶어서일까.

 또 그러한 일이 과연 얼마만큼 자신을 행복하게 하는 것일까.

 카필라 성의 생활은 앞서 저녁 공양을 보시해 준 여인과 같은 그런 인정이나 진심과는 거리가 먼 것이었다.

 언제 적의 공격을 받을지 모른다.

 두려움과 신경과민의 연속이었다.

 음식은 결코 맛 없는 것은 아니었다.

 그러나 어디에 적의 간첩이 숨어 있을지 모른다.

 식사 당번 리바리는 음식물에 독이 들어 있지 않을까 하고 늘 주의를 게을리 하지 않았다. 때로는 맛을 먼저 보고 난 다음에야 음식상을 들여놓았다. 이러한 긴장 속에서 차려진 음식은 보기에는 화려하지만 먹어도 깊은 맛이 날 리가 없었다.

 오밀조밀 손질이 많은 요리는 쉬 싫증이 나는 법이다.

 그런데 조식粗食은 싫증이 나지 않는다.

할팽요리割烹料理는 화려하고 아름답다.

하지만 사람의 혓바닥은 나이 먹어 갈수록 가정요리家庭料理를 더 찾게 되는 것 같다.

조금 전의 그 여인의 보시를 통해서 고타마는 새삼스럽게 인정이라는 속세의 사랑을 뼈저리게 느꼈으며 몸이 가루가 되는 한이 있어도 인간의 근본을 깨달아야겠다고 다짐하였다.

고타마 싯다르타는 거지 생활을 함으로써 인정이라는 것을 알게 되었으며 또한 조식粗食의 맛도 알게 되었다.

거지 생활은 익숙해지면 아무 저항감도 고통도 없다.

카필라 성을 떠난지 나흘째 되던 날 난생 처음으로 탁발을 나갔을 때는 음식을 구걸하기가 여간 주저되는 일이 아니었다.

큰 용기가 필요했다.

왕자에게 거지라는 생활의 큰 변화에 익숙해지기까지에는 사나흘의 일수는 무리였다.

물과 과일만으로는 도저히 몸을 지탱할 수가 없어서 큰 결심을 하고 남의 집 문간에 서긴 하였지만 무릎은 후들거렸고 어색하기 짝이 없었다. 그래도 쌀과 야채를 얻었으므로 산에 돌아와서는 죽을 쑤어 먹을 수 있었다.

죽은 딱딱했다. 첫솜씨라 쌀이 익지 않았던 것이다. 그러나 시장기와 야외 요리가 가져다 주는 맛이 얼마나 좋은지 저절로 웃음이 나왔다.

카필라 성의 생활은 언제나 외적의 침공이라는 염려가 따라 다녔다.

산중 생활은 그러한 걱정은 없지만 짐승이라는 적이 있다. 뱀, 하이에나, 범 등의 맹수가 언제 덮여올지 모른다.

그래서 참선을 하거나 잠잘 때는 반드시 불을 피웠다.

야영은 큰 나무 밑둥이 아니면 동굴 속을 택했다. 모기나 독충을 피하기 위해서는 약초를 짜서 그 물을 몸에 발랐다.

산중의 밤은 짐승들의 울음소리가 나뭇가지를 흔들어댔고 바람 소리는 산을 거대한 짐승처럼 꿈틀거리게 했다.

익숙하지 않았던 당초에는 하룻밤도 제대로 잘 수가 없었다.

하지만 이것도 수행이며 여기밖에 살 곳이 없다고 결심하고 나니 산중 생활은 그지없이 마음 편안한 곳이 되었으며 반면 카필라 성의 생활이 얼마나 고통스러운 것이었던가를 알게 되었다.

낮에는 나무 그늘의 이동을 보고 시간을 정해서 참선의 일과를 짰다.

밤에는 별의 위치를 보고 행동했다.

## §의문과 해답에의 편력

카필라 성을 떠난 지 엿새째 되는 날 저녁 때였다.

바라문계의 비구 한 사람이 숲 속에 들어왔다. 나이는 한 일흔을 넘었을까. 적당한 장소를 찾아 이내 명상에 잠기는 것이었다.

바라문의 가정에서는 나이 7~8세가 되면 약 12년간 스승의 집에 입문하여 베다와 제사를 배운다. 그런 다음 다시 제 집으로 돌아와 가정생활을 시작한다. 조상에게 제사를 올리고 사회적 종교적 의무와 사회인으로서의 역할을 다한다. 이윽고 일정한 연령이 되면 자식들에게 가정일을 맡기고 입산하여 고행과 명상의 수도생활로 여생을 보내는 것이 일반화되어 있었다.

바라문의 수행 특징은 이러한 입산생활을 반드시 남자 혼자서만 하는 것이 아니라는 점으로 부부가 함께 정진하는 경우도 있었다. 이 점 여느 사회와는 달리 남녀평등관이 현대에야 미치지 못하지만 당시로서는 상당히 진보적인 사상이 아닐 수 없다.

당시의 스님을 사마나僧(승려)라고 불렀다. 그리고 늙어서 각지를 탁발 편력하면서 요가와 명상을 통해서 인생고에서 해탈하려는 목적으로 산중생활에 들어가는 사람을 슈라마나라고 불렀다.

바라문 가문에서 출가하는 풍습은 우파니샤드 시대에서 비롯되며 결코 특이한 일이 아니었다. 유년, 청년, 장년, 노년의 네 단계의 아쉬람(수행行修)이 있었으며, 그것이 그들의 일생을 지배하고 생활을 형성하고 있었다.

고타마 싯다르타의 유년기에 바라문 학자인 뷔스봐시드라, 굿샨데 브데 두 가정교사에게 문무文武 양면에 걸친 교육을 받았다.

바라문교의 리그 베다와 우파니샤드에 대해서는 주로 귀동냥으로 배웠으며 신불神佛의 신앙에 대해서는 자기 나름대로 이해하고 있었다.

당시 인도 사회는 바라문을 최고로 크샤트리아, 베이샤, 수드라라는 네 단계의 엄격한 계급제도가 있어서 인간의 사회생활을 구속하여, 수드라는 영원히 수드라였으며 그 위의 베이샤가 될 수는 없는 노릇이었다.

일본 봉건사회의 사농공상보다 더욱 지독한 것이었다.

사농공상은 말하자면 봉건사회의 경영적 입장에서 이룩된 계급제도라고 볼 수 있는데 비해서 인도 사회의 경우는 한 나라 안에 다시 네 개의 작은 부족국가가 존재하는 것처럼 되어 있었다.

마치 동일 민족 안에 네 개의 인종이 존재하여 계급제도는 소위 인종차별과 흡사한 제도라고 말할 수 있는 것이었다.

그리고 이 네 개의 계급은 다시 제각기 계급이 세분화되어, 바라문 중에서도 하급下級 바라문은 영원히 하급下級 바라문이었다.

고타마 싯다르타가 왕자의 신분을 버리고 산중생활에 들어간 수행 그 자체는 바라문의 최종 코스였던 슈라마나로서의 수행이었다.

수행자 가운데에는 트집 잡기를 좋아하고 우월감에 빠진 자가 많았으며 종교적인 사고 방식과 유형은 각양각색이었다.

고타마의 눈 앞에서 선정禪定에 든 바라문의 수행자는 진지하게 깨달음을 목적으로 한다기보다 입산생활이란 일종의 틀 속에 자기 자신을 맡기고 있는 듯하였다.

고타마는 수행자가 일어서기를 기다려 함께 냇가에 내려가서 몸을 씻었다. 그 늙은 수행자는 그러한 수행이 아주 익숙한 것처럼 태연하게 몸을 헹구고 있었다.

고타마는 참선에 대해서 이 노승에게 물어 보았다.

돌아온 대답은 결코 유치한 단계를 벗어나지 못한 것이었다.

참선의 목적은 일체의 잡념을 없애고 무無가 되는 것이라고 했다.

무無가 되었을 때 불佛이 나타나고 자신과 불佛이 일체가 된다는 것이었다.

상념을 무無로 한다…

명상삼매瞑想三昧는 사람에 따라서는 잡념을 멀리할 수도 있을지 모르겠다.

하지만 잡념이 없는 그 순간이 어떻게 바로 불佛의 경지에 이어질 수 있단 말인가.

크샤트리아의 무술에서도 무념무상이라는 말은 자주 쓰이고 있다. 자신이 무無가 되면 상대의 움직임을 잘 알게 되고 상대의 공격을 피할 수 있게 된다는 것이다.

하지만 지금까지의 경험으로 미루어보면 무념무상이라는 마음의 상태는 인간이 호흡을 하고 의식이 눈 뜨고 있는 한 순간적인 것은 몰라도 영속성이 없는 것이었다.

그리고 또한 그러한 마음의 상태는 깨달음과는 아무 상관이 없는 단순한 상념에 지나지 않는다는 것도 실감하고 있는 터였다.

고타마는 일배하고 자기 처소로 돌아오고 말았다.

고타마는 가야다나를 스스로 수행장으로 결정 짓고 깨달을 때까지는 이 곳을 떠나지 않겠다고 다짐하고 있었다.

카필라를 떠난 지 벌써 수개월이 지났으며 사로몬으로서의 수행은 이젠 판에 박힌 듯 익숙해 있었다.

고타마는 선정禪定을 하면서 지금까지의 행적을 살펴보았다.

출가의 출발점은 우선 밧지국의 수도 바이샬리, 코살라 국의 수도 쉬라바스티, 마가다 국의 라자그리하, 캇시 국의 바라나시, 그리고 이곳 저곳 여러 곳을 떠돌아다니면서 가야다나에 당도했던 것이다.

여러 곳을 편력歷遍한 이유는 스승으로 모실 만한 지도자를 찾는데 있었다.

그러나 스승으로 모실 만한 분은 한 분도 만나지 못했다.

바이샬리 교외郊外에 있는 아누푸리야의 숲, 그 남쪽에 위치한 삼림지대에는 와크 선인仙人의 수도장이 있었고 거기서 다시 서남쪽에는 아라라 카라마 선인仙人의 수도장이 있었다.

아누푸리야의 숲에서 수도장을 바라보면 마치 한폭의 풍경화를 보는 듯 산수는 잘 조화를 이루어 마음까지 씻기는 느낌이 들었다.

고타마가 처음 이 곳을 밟았을 때는 그 풍경의 아름다움에 그만 입이 벌어지고 말았었다.

하지만 그 자연의 아름다움과는 정반대로 그 수도장은 마치 아수라장을 연상시키는 가혹한 육체 고행으로 밤낮을 지새고 있었다.

와크 선인仙人은 육체 고행으로 번뇌를 멸각시킴으로써 천상계에 태어날 수 있다고 말한다.

듣고보니 그럴 듯한 말이다.

하지만 가령 천상계에 태어났다고 해도 윤회의 법칙에서 보면 현상계에 다시 생을 얻었을 때에는 똑같은 괴로운 고행을 되풀이해야 하지 않는가.

인과의 법칙도 윤회한다는 사실을 긍정한다면 육체 고행은 결코 마음의 평안을 보장할 수가 없다.

왜냐하면 현재의 인因이 미래의 과果로 나타나는 것인 만큼 이 세상에서의 가혹한 육체 고행은 비록 그 결과로 천상계에 올라간다 하더라도 고행 자체는 영원히 존속되는 것이기 때문이다.

해탈脫解이라는 것은 인생의 괴로움에서 해방되는 것이다.

괴로움의 연속이 어떻게 그 괴로움에서의 해방이 될 수 있단 말인가. 괴로움苦은 즐거움樂의 씨앗種子란 말인가.

즐거움樂은 괴로움苦의 열매因子란 말인가.

고타마는 와크 선인仙人의 수행 방법에 찬성할 수가 없었다.

한편 아라라 카라마 선인仙人의 가르침은 '생로병사의 괴로움苦은 아我(에고)가 원인이다'라는 것이었다.

아我를 버리기 위해서는 선정禪定을 통해서 비상非想[1]에서 비비상非非想[2]의 경지에 도달해야 하며 거기서 깨달음에 이를 수 있다고 설법하고 있었다.

그래서 이런 경지에 도달하기 위해서는 조용한 곳에서 계戒를 지키고 겸손, 인욕忍辱(욕심을 버림)하며, 악惡을 멀리하고 불선不善을 행하지 않으며 오로지 선정에 들고 열심悅心(기쁜 마음)에 들며 다시 열심을 버리고 정념正念(바른 생각)에 들며 즐거움樂을 받아들일 터를 닦으며 마침내는 그 즐거움樂마저 제거하고 외계에서 받아들이는 모든 것을 버림으로써 무상無想의 보답을 얻는다.

이것이 곧 해달이라고 그는 말하고 있었다.

또한 생명은 그 근본이 혼돈하여 정체를 파악할 수 없는 것이다. 그 혼돈한 생명에서 아我가 생겨났고 그 아我에서 어리석은 마음이 생겨났으며 애욕의 포로가 되고 만다.

이 애욕에서 육체가 생겨나고 온갖 번뇌가 고개를 쳐들고 그 모습이 유전하여 생로병사의 고통이 생겨난다고 가르치고 있었다.

언뜻 보기에 이 가르침도 그럴 듯하게 들린다.

그러나 생각하지 않는 상념은 없으며 그 상념을 없앤다는 생각도 또한 상념의 집착이 아닌가. 비상非想에서 비비상非非想이란 그 밑바닥에 깔린 생각은 인간 그대로의 모습을, 말하자면 상념이란 의식

---

1) **비상(非想)**: 유상(有想), 즉 생각이 있는 상태를 버려 '생각이 없는' 상태.

2) **비비상(非非想)**: 무상(無想), 즉 완전히 생각이 없는 상태까지는 아니지만, 세밀한 생각은 남아있는 상태

***비상비비상처(非想非非想處)**:'생각이 있는 것도 아니고, 생각이 없는 것도 아닌' 상태

의 움직임을 억지로 정지시키려고 하는 의사意思의 작용을 의미하고 있다.

의사의 작용은 틀림없이 인간의 영혼을 향상시킨다.

그러나 샘솟는 상념을 정지시키려고 하는 상념의 작용은 그 자체가 새로운 상념을 만들어 내고 있는 것이 아닌가.

아라라 카라마 선인仙人의 가르침은 상념의 제자리 걸음식 주장에 지나지 않았다.

고타마는 그의 선정의 수행 방법에도 동의할 수 없었다.

고타마에게 더욱 풀 수 없는 큰 의문은 인간이 과연 이와 같은 수행을 위해 태어났을까 하는 의문이었다.

깨닫기 위해서 육체를 괴롭힌다.

깨닫기 위해서 선정삼매에 빠져든다.

만일 인간의 목적이 이 두 가지에 집약되고 그 때문에 인간이 태어난다고 한다면 인간 이상으로 가엾고 불쌍한 존재는 없을 것이다. 왜냐하면 그 어떤 고행도 인간의 성품性을 무시하고 있기 때문이다.

인간은 태어날 때부터 눈도 있고 코도 있으며 입도 있고 귀도 있으며 수족도 있고 그리고 사고하는 능력도 있다.

무엇 때문에 이러한 것들이 인간에게 부여되었단 말인가.

이렇게 부여된 기능을 왜 정지시키지 않으면 안된단 말인가.

왜 부여받은 수족을 불에 그을러야 한단 말인가.

인간의 사고와 오체는 우리가 이 지상에서 살아가기 위해서 필요하기 때문에 자연이 부여해 준 최저의 보장이 아닌가.

즉 살아갈 수 있도록 만들어져 있는 것이 아닌가.

그것을 왜 고의로 인간의 어리석은 사고와 의사에 의해서 포기하려고 하는가.

고타마는 인간성을 왜곡한 수행에는 도저히 찬성할 수가 없었다. 뿐만 아니라 브라흐만梵天의 마음은 이와 같은 고행으로써는 잡을 수 없으며 생로병사의 괴로움도 이와 같은 극단적인 사고와 행위로써는 도저히 제거할 수 없을 것이라고 생각하였다.

그러나 문제는 그 다음이었다.

그렇다면 이에 대체할 만한 무슨 방법이 있는가 하면 전혀 생각이 떠오르지 않았다.

지금 자기가 하고 있는 사로몬의 수행 방법도 말하자면 아라라 카라마 선인의 방법과 흡사하였다.

식사와 탁발, 가끔 강에 가서 몸을 씻는 이외에는 거의 선정삼매에 잠기는 생활이었기 때문이다.

아라라 카라마 선인과 다른 점이 있다면 그에겐 그 나름대로의 확실한 방법이 있는 반면 자기에겐 속에서 샘 솟는 의문에 대해서 하나하나 해답을 풀어나가는 방법밖에 없다는 것이었다.

겉으로는 쌍방의 선정의 방법은 같지만 내용은 전혀 달랐다.

하지만 지금 자기가 하고 있는 의문과 해답의 방식이 과연 언제 어디에 도달할지 그 예측은 불가능한 일이었다.

항구를 떠난 배가 목적도 없이 망망대해를 헤매고 있는 것과 흡사한 일이었다.

폭풍우를 만나 파도에 휩쓸릴지도 모르는 일이었다.

도와주는 사람이 없으니 무사히 목적지에 도착한다는 희망보다는 난파의 염려가 훨씬 더 크다고 말할 수 있었다.

스스로 찾아나선 길이라고는 하나 고타마의 전도는 길 없는 길을 헤매며 짐승을 쫓는 사냥꾼과 흡사한 것이었다.

고타마 싯다르타는 반다바 산의 동굴을 거점으로 수도생활에 들어갔으며 바라문의 행자와 마찬가지로 라자그리하의 거리에 나가 탁발하기도 하였다.

마가다 국은 빔비사라라는 왕이 다스리고 있었다. 신앙심이 두터워 수행자에 대해서는 언제나 특별한 접대를 하면서 그 노고를 위로하였다.

왕이 그렇고 보니 백성들도 수행자에 대한 보시심이 돈독하여 문간에 서기만 하면 반드시 무엇인가를 베풀어 주었다.

빔비사라왕은 또한 수행자 가운데 몇 사람을 뽑아 성 안의 크샤트리아로 삼아 보살펴 주고 있었다.

고타마에게도 왕으로부터 심부름꾼이 왔다.

성에서 왕을 만나니 왕은 이렇게 물었다.

“그대는 어느 나라에서 수행을 오셨는가요?”

"저는 코살라 국의 속국인 샤카 푸트라의 왕자 고타마 싯다
르타라고 합니다."

"그래요?
그런데 왜 그런 귀하신 신분의 분이 출가하셨는가요.
참 애석한 일이오. 부디 이 성에 묵기 바라오.
무엇이든지 원하는 것은 돌봐드리리다."

왕은 친절하게 이렇게 말하고 크샤트리아가 되기를 바랐다.

그러나 고타마는,

"저는 일체의 욕망을 버리고 출가하였습니다.
호의는 고맙기 그지 없습니다만 최고의 깨달음을 얻어 붓다
가 되기 위해서 수행하고 있기 때문에…"

하고 사양하였다. 빔비사라왕은 고타마의 굳은 결심을 보고 그 이
상 만류하지 않았다. 그 대신에,

"가야다나라는 곳에 우루벨라 캇사파라고 하는 성자가 있
습니다."

라고 가르쳐 주었다. 고타마는 지금까지 찾아 본 몇몇 스승과 같은
결과가 되면 그만큼 깨달음이 늦어질 것이라는 생각이 들어,

"인연이 있으면 만날 날이 있겠지요."

라는 인삿말을 남기고 물러났다.

왕은 그 때 고타마 싯다르타의 어깨를 두드리며,

　　"그대가 최고의 깨달음을 얻게 될 때는 기필코 라자그리하
　　에서 만납시다."

하고 재회를 약속했다.

고타마는 우루벨라 캇사파와는 그로부터 6년여 동안 만나지 않
았다.

결국 대각大覺을 이룬 후 빔비사라 왕의 말이 생각나서 그의 수행
장을 방문하여 그와 그의 제자들을 귀의시키고 만다.

## §암중모색 暗中摸索

한밤중에 걷는 산길처럼 고타마의 마음 속에는 한 줄기의 광명조차 비쳐 들지 않았다.

의문과 해답이 되풀이 되는 줄기찬 신리神理 추궁은, 그렇다고 밤낮없이 무제한으로 계속할 수는 없는 노릇이었다.

추궁하면 추궁할수록 문제는 저 멀리 달아나 버린다.

한 가지 문제를 이모 저모 각도를 달리해서 해답을 구해보려고 하면 머리가 아프고 눈은 충혈된다. 골똘히 생각한다는 것이 육체노동보다 몇 배나 더 많은 에너지를 소모시켜 훨씬 더 큰 피로를 몰고 왔다.

얽힌 실타래가 한 올씩 풀려 나간다면 피로도 덜 오련만 출가 이후 아직 이렇다 할 실마리조차 잡지 못하였다.

이 때문에 마음은 늘 긴장되어 있고 초조하기조차 하였다.

무술로 단련된 늠름한 육체도 어느새 쇠퇴하여 몇 달 사이에 얼굴은 빠지고 보이지 않던 갈비뼈가 가슴에 줄무늬를 그으며 앙상하게 드러났다.

고타마는 이따금 땅바닥에 큰댓자로 드러누워 밤하늘을 쳐다보았다. 그리고 크게 숨을 내뿜었다. 긴장을 풀기 위해서였다.

구름 한 점 없는 밤하늘은 참으로 아름다웠다. 수 없이 뿌려진 사금砂金의 무리는 고타마의 마음과는 달리 보석처럼 맑고 티없이 빛나고 있었다.

　큰 것, 작은 것, 무수한 별들은 살아 있는 생명처럼 고타마를 내려다 보고 있었다. 그리고 그 반짝이는 별의 무리들은 소리없이 내려와 고타마의 귓가에서 속삭이는 것만 같았다.

　고타마는 조용히 눈을 감았다.

　그러자 그 반짝이는 빛들은 한 줄기의 커다란 광채가 되어 몸과 마음을 포근히 감싸주는 것이었다.

　어느새 고타마의 의식은 빛의 돔 속을 화살처럼 날아가고 있었다. 빛의 근원을 좇아 어디까지이고 날아가고 있었다. 고타마의 의식은 천지를 지배하고 있는 자비의 광명 속으로 녹아 들고 있었다.

　퍼뜩 제정신을 차리고 보니 바로 지금까지 자신을 따뜻하게 감싸주던 대우주의 자광慈光은 흔적도 없이 사라졌고 말라빠진 한 개의 육체와 자신이 거기 있을 뿐이었다.

　　“저 하나 하나의 별에도 생명이 깃들어 있구나...”

　고타마는 밤하늘을 수놓은 별무리들에 마음이 달릴 때마다 언제나 이런 감회에 젖었다.

　그리고 지난 30년의 인생을 돌아보니 마음이 편안했던 때는 어머니 무릎 위에서 재롱부리며 놀던 어린 날의 한동안 뿐이었다는 것을 알게 되었다.

　철이 든 뒤의 자신은 나라를 지키는 일, 무술을 익히는 일, 왕자로서의 책임이 무겁기만 한 나날이었다.

　진심으로 웃어 본 날은 찾아보기가 힘들었다.

코스타니야 등 다섯 명의 크샤트리아는 고타마를 호위한다는 목적으로 남아 있었지만 그 후 이들은 수행자로서 고타마와 함께 수행하고 있었다.

한동안 고타마는 이들을 받아들이지 않았지만 이들 다섯 명은 고타마의 수행에는 절대로 방해가 되지 않겠으며 자기들은 자기들끼리 사로몬의 수행을 하겠다고 끈질기게 조르는 바람에 더 이상 이들의 요구를 거절할 수가 없었다.

고타마는 이따금 이들과 어울려 담소하기도 했다. 이들 크샤트리아는 어느새 익숙한 수행자의 모습을 풍기고 있었다. 창과 칼을 버린 변신이 부왕에겐 무책임한 짓이 되어 미안한 마음도 들긴 했으나 몸이 홀가분한 수행자 쪽이 훨씬 더 편하다는 생각이 들었다.

그들에겐 이젠 전쟁의 걱정도 없었으며 죽이고 죽는 불안감도 없어졌다. 이들 다섯 명의 크샤트리아는 태어날 때부터 카필라 성에서 자란 샤카(석가) 푸트라[1]였다.

교육은 주로 바라문학이었으며 베다, 우파니샤드 등을 바라문 출신의 사로몬들이 지도하는 서당에서 공부하였다.사회학은 오로지 외래의 상인들의 말을 듣고 배웠으며 종교와 상공업商工業은 그 분야의 전문적인 학자들로부터 가르침을 받았었다.

크샤트리아는 무술의 훈련뿐만 아니라 농번기가 되면 농부 일도 했다. 그래서 베이샤와 수드라를 포함한 동족을 외적으로부터 수호하는 것을 사명으로 삼고 있었다.

----

1) **푸트라**(पुत्र): 아들·자식을 의미

석가족(샤카족)은 원래 고리라는 호족의 집단이었으며 그 종가宗家, 분가分家가 분명하였고, 당연하게 세습제도를 채택하고 있었다.

호족 가운데에서 우두머리가 뽑혀 왕위를 계승하고 있었다.

정치 체제는 왕이 존재하기 때문에 전제군주제專制君主制인 듯 싶지만 그렇지가 않고 호족의 장로들이 의견을 제출하여 합의제로 국정을 다스리고 있었다. 표결은 붉은색, 푸른색을 입힌 나무 막대기를 사용하여 찬성은 푸른색, 반대는 붉은색으로 표시했다.

회의는 원탁 회의였으며 토론을 거친 후 최종에는 표결하였다. 결정 사항에 대해서 왕은 이의가 없었으며 그대로 따를 뿐이었다. 따라서 석가족의 정치 체제는 말하자면 공화제共和制를 채용하고 있었던 것이다.

오늘날의 의회공화제나 인민공화제와는 다르지만 절대군주제가 아직도 이 지구상에 존재하고 있는 점을 미루어보면 상당히 진보된 정치라고 할 수 있다.

한동안 카필라 성은 외래인의 출입을 어느 정도 자유롭게 인정한 적이 있었다. 그러자 타국의 밀정들이 숨어들어 성안의 질서를 어지럽히고 살인 사건도 자주 일어났으므로 그 후로는 성내의 출입은 막혔고 샤카(석가) 일족으로 뭉쳐졌다.

다섯 무사들은 이런 환경에서 태어나 자랐기 때문에 그들도 마음 속으로는 늘 평안을 갈망하고 있었다.

칼과 창을 버리고 고타마를 따라 사로몬으로서의 수행에 전념하고 있는 이들의 모습은 카필라에 있을 때보다 훨씬 더 밝고 명랑해 보였다. 카필라에 있으면 밤 사이엔 언제 외적의 습격을 받아 목이 달아날지 모르는 일이었다. 자나 깨나 이들은 한시도 칼을 몸에서 놓아 본 적이 없었다.

그러나 지금은 다르다. 이들에게 적은 한 사람도 없다. 몸을 도사릴 필요도 없다. 사람을 믿을 수 있게 되었다. 그것은 그 무엇보다도 값진 마음의 평안이었다.

더욱이 구도라는 목적이 있었다. 친구도 있었다. 자칫 육근六僅에 사로잡혀 미망의 늪에 빠질 듯하면 친구들이 돕고 격려해 주었다.

이따금 고타마는 한밤중에 일어나 이들의 잠자리를 둘러보았다. 잠자리라고 해봐야 야외다. 모닥불 둘레에 큰댓자로 드러누운 자, 등을 굽히고 오른 팔을 베개 삼아 잠든 자, 짐승으로 착각을 일으킬 정도로 큰 소리로 코를 고는 자 등 여러 가지였다.

하지만 다섯 명은 다 하나같이 편안하게 잠들어 있다.

"이것이 좋구나…."

고타마는 지난날 카필라 성에서의 생활을 회상하면서 이렇게 혼잣말을 되뇌는 것이었다.

그러나 한밤중에 카필라 성을 회상하면 야쇼다라, 고파 등의 얼굴이 떠올랐다. 그녀들이 미소를 지으며 다가오면 지난날의 생활이 생생히 떠올라 욕망의 불길에 휘말렸다.

한동안 그 속에 빠져들었다가 깜짝 제정신으로 돌아온다.

"…이래서는 안 되지."

스스로의 마음에 매질을 한다.

추억에 탐닉하는 허약한 마음을 스스로 부끄러워하였다.

출가의 목적이 무엇이었던가.

처자를, 그리고 나라까지 버린 그 목적은 무엇이었던가.

일체의 번뇌를 끊고 인간의 미망을 해결하는데 있었던 것이 아 닌가. 다섯 명의 크샤트리아를 보고 그만 카필라의 여러 가지 정 경情景에 마음이 빼앗겨서야 앞으로의 수행의 길은 참으로 험난할 것이라는 생각이 들었다.

고타마는 자신의 마음의 허점을 깨닫고 그 허점이 도대체 어디 에서 오는 것일까. 자기 자신을 살펴 보았다.

그리고 인간의 번뇌가 이토록 줄기차게 비록 행위, 모습, 형상으로 나타나지는 않지만 기회 있을 때마다 상념 속으로 꿈틀거리기 시작 하여 흡사 살아 있는 생물체처럼 자신을 옥죄는 신비로운 존재임을 깨닫게 되었다.

오관육근五官六根에 의존하는 인간은 눈에 보이는 외형과 형상에만 마음이 사로잡힌다.

따라서 행위 이전의 생각, 상념에 대해서는 자칫 소홀하기 쉽다. 그러나 인간의 참다운 모습은 상념 속에서 생활하며 숨쉬고 있는 것이다. 외계는 빙산의 일각에 지나지 않는다.

여자를 보고 아름답다고 생각하는 사람, 여자를 보고 음란한 생각 에 빠지는 사람, 여자를 보고 살의殺意를 느끼는 사람, 여자를 보고 상스럽다고 생각하는 사람, 여자를 보고 용기가 솟아나는 사람, 여자를 보고 부끄러움을 타는 사람, 여자를 보고 동물이라고 생각하는 사람, 여자를 보고 어린이라고 생각하는 사람, 이렇게 한 여자를 두고 인간은 여러 가지로 그 일어나는 상념이 다르다.

그리고 인간은 그 일어난 상념에 붙잡히고 있는 한 그 굴레에서 한 발자국도 벗어날 수가 없다.

국사에 분주한 정치가, 전쟁으로 지새는 군인, 돈벌이에 혈안이 되어 있는 상인, 나태에 빠져 있는 방랑자, 어떤 경우이든 상념이라는 그 마음이 그 사람을 지배하고 그 사람을 움직이며 그 사람을 구속하고 있다. 그리고 그 사람은 그 마음의 움직임에 따라 일생을 끝내고 있다.

인간의 고민, 미움, 슬픔은 이러한 상념의 내용에 문제가 있는 것이다.

야쇼다라, 고파 등의 모습을 떠올리고 그만 그 추억 속에 묻혀버린 고타마의 마음은 몸은 산중에 있으면서 그 자신은 카필라에 가 있었던 것이다.

코스타니야 등 다섯 명은 고타마처럼 젊었다. 한창 나이의 사나이들이었다. 카필라 성 안팎의 여자들도 자연히 화제話題에 올랐다.

이따금 모닥불 가에 둘러앉아 카필라의 여러 가지 추억에 꽃을 피우곤 했다. 여자 이야기가 나올 때에는 모두들 배꼽을 잡고 웃었다.

그리고 어느 때는 마을의 불꽃이 탐나 몰래 산을 빠져나가는 짓도 나쁘지 않다고 말하는 녀석도 나타났다. 좋은 친구가 나쁜 친구로 돌변할 때도 있었다.

먹는 음식은 형편없었지만 젊음이란 에너지의 불은 이를 보충하고 도 남았다. 그래서 본능의 속삭임을 억제하는 데에게는 상당한 용기와 인내가 필요했다.

새벽 산새가 첫홰를 치고 울면 네란자라의 강변에 내려가 세수를 한다. 그리고 마을로 동냥을 나간다.

밥그릇을 들고 농가의 추녀 밑에 서면 가족들 가운데 누군가가 죽을 담아 준다. 더러는 싱싱한 채소나 쌀을 얻어 올 때도 있다.

동냥하여 산에 돌아온 다섯은 저마다 얻어온 먹거리를 두고 이야기꽃을 피운다. 이들은 이제 거지생활도 익숙해졌고 슈라마나의 생활에도 기름때가 묻었다. 탁발이 끝나면 아라라 카라마 선인仙人의 수행이었다.

명상에 드는 것이다.

이따금 시간을 할애해서 육체 수행도 하였다.다른 수행장을 둘러볼 때도 있었다. 깨달음의 실마리를 잡으려고 그들의 설법을 들었으며 수행법을 배우기도 하였다. 수행장에 가면 설법자가 신들린 무당처럼 보여 기분을 잡쳐 돌아올 때도 종종 있었다.

대자연은 밝고 싱싱하다. 한 점 걸리는 데가 없다.

이러한 대자연 속에서 살아가고 있는 인간에게 신이라고 자칭하며 부자연스럽게 설법하고 있는 꼴은 올바른 인간에겐 참으로 역겨운 일이 아닐 수 없었다.

그들에겐 늘 노여움이 있었다. 중상中傷이 있었다. 오만이 있었다.

기벽奇癖이 있었으며 아첨과 알랑거림이 있었다.

이러한 사심邪心이 이상한 말과 행동을 불러일으켜 그들은 더욱 평상심을 잃어가고 있었다.

수행자의 말로가 비정상적이고 불행한 것은 자아의 상념에 빠져서 자신의 본성을 상실하기 때문이었다.

다섯은 이러한 장면에 부딪치면 이상하게 기분이 상해서 돌아오기가 일쑤였다.

의지하고 배울 만한 스승이 없다는 것을 고타마는 이미 알고 있었다. 그래서,

"깨닫기 위해서는 자기 자신 이외에는 아무도 믿을 것이 없다."

하고 스스로를 타이르고 있었다.

하지만 인간이란 역시 약한 구석이 있으며 남에게 의지하고 매달리고 싶은 마음을 송두리째 떨쳐버릴 수가 없었던 것도 사실이다.

당시 인도에서는 신불神佛을 범천이라고 부르고 있었다. 그리고 보살계 이상의 세계를 범천계(브라흐마로카ब्रह्मालोक)라고도 하였다. 범천을 고대 인도말로 브라흐만ब्रह्मन्이라고 한다.

그런데 브라흐만의 마음의 상태는 앞서 말한 바 있는 아라한이나 보살보다는 윗 단계이며 여래如來에 가까운 심경을 가리킨다.

브라흐만은 여래가 되기 위한 수행의 단계이다. 여래는 대지식의 소유자이지만 브라흐만은 그 지식의 보좌역으로 불법포교의 임무를 맡고 있다. 따라서 그 지식, 지혜의 샘은 언제나 철철 넘쳐흐르며 마를 줄 모른다. 그 샘은 신으로부터 부여받고 있다.

　신이라고 하면 저항감을 품는 사람이 있는데 신이 지구를 만들고 태양과 우주를 만들어 인간을 살리고 있다는 사실을 알게 되면 인간의 마음이 어떻게 만들어졌다는 것도 환하게 깨닫게 된다.

　아무튼 당시의 인도는 브라흐만을 신의 대명사처럼 생각하여 수행자의 목적은 브라흐만의 마음을 얻는 데 있었다.

## §대각大覺의 실마리

세월의 흐름은 빠르다. 출가한 지 벌써 4년이 지났다.

한달의 기준은 오늘날처럼 정확한 달력이 없었다.

태양의 위치와 나무 그늘을 보고 어림으로 짐작할 뿐이었다.

밤하늘의 별을 살펴봄으로써 계절의 변천을 확인하였다.

장마철이 되었다.

고타마는 마음을 진정시키고 깊은 명상삼매에 빠져 있었다.

동굴 속은 어두컴컴하고 습기가 차서 기분이 좋지 않다.

그런데 이러한 환경임에도 불구하고 오늘따라 어찌된 셈인지 마음은 가라앉고 기분도 상쾌하다.

명상이 깊어지자 갑자기 눈앞이 황금빛으로 빛나기 시작했다.

그와 동시에 하늘의 부드러운 선율이 고타마의 마음을 포근히 감쌌다.

후광後光(오라) 같은 황금의 빛 속에 잠기고 있으니, 그 빛은 점점 더 밝아져 왔다.

이윽고 그 빛은 사람의 모습으로 보였다.

　　"범천梵天(브라흐만)이다. … 아! 범천이 나타났다."

고타마는 저도 모르게 속으로 부르짖고 있었다.

그리고 4년 동안 고생한 보람이 마침내 나타났다고 생각하였다.

　그러나 그렇게 생각하는 순간 황금의 빛은 어둠으로 사라졌고 귓전에 울리던 하늘의 선율은 어느새 동굴 밖의 빗소리로 변해 있었다.

　고타마는 이번에도 브라흐만을 놓쳐버렸다.

　여태까지 이런 일이 몇 번인가 있었다.

　그리고 이럴 때마다 마음이 흔들려 현실의 자신으로 돌아오는 순간 그 황금빛은 새까만 어둠으로 변하는 것이었다.

　그런데 황금빛을 볼 때는 언제나 마음은 가라앉고 현실의 자신을 떠났을 경우였다.

　장마철이었기 때문에 걸식은 못했다. 망고, 사과 등을 하루 세 끼 몫으로 저장해 두었지만 썩는 것도 많았다.

　요자나의 넓은 산중에서 먹거리를 수집하여 장마철에 대비해 두지만 장마철이 끝날 무렵에는 언제나 부족하여 며칠 동안 단식하다시피 굶었다.

　고타마와 다섯 크샤트리아는 어느새 함께 공동 생활을 하고 있었다.

　처음 한동안 코스타니야들은 따로 떨어져 고타마를 멀리서 지키면서 그들 나름대로 수행에 열중하고 있었다.

　하지만 반 년, 일 년이 지나는 동안 어느 새, 서로 담소하며 함께 기거하게 되었다.

　고타마는 지난 날의 주종 관계를 허물려고 하였으나 다섯은 부하로서의 예절은 여전히 지키고 있었다.

장마철이 되자 밧데야는 벌꿀을 수집하여 바리때에 보관해 두었다가 조금씩 입안에 넣으며 체력의 소모를 막고 있었다.

이따금 고타마도 그것을 얻어 입안에 넣었다.

벌꿀은 당시의 인도에서는 매우 귀중한 식품이었다.

오늘날과 같은 양봉 꿀도 없었으므로 벌꿀을 구해 먹기란 여간 어려운 일이 아니었다.

산중을 뒤져 벌집을 찾아 내는 수밖에 없었다.

벌집을 먹이로 하는 새를 찾아 내어 근처를 뒤지는 방법이 가장 확실하고 빠른 벌집 채취법이었다.

카필라에도 이따금 이 새가 날아들 때가 있었다.

그러면 이 새를 소중하게 붙잡아 산중에 가서 벌집이 있을 만한 곳에서 날린다.

물론 새 다리에는 붉은 실을 감아 표가 나게 한다.

사로몬들은 먹는 것이 형편없어 영양이 부족하였으므로 벌꿀은 먹거리 가운데 으뜸이었다.

동굴 밖의 장마비는 줄기차고 지루하였다.

그래서 여섯은 참선과 단식을 누가 가장 오래 하는가 경쟁을 해보기도 하였으나 효과도 없었고 아무 의미도 없었다.

늘 먹거리가 부족하여 굶다시피하는 처지에 단식한다는 것은 무모한 짓이 아닐 수 없었다.

일 주일 동안이나 돌소금과 물만으로 견디고 있는 처지에서는 육체적 고통이 앞서서 참선은 어림없는 일이었다.

식욕 본능이 고개를 쳐들어 온갖 음식물이 머리 속에 떠올라 마음의 정적은 찾을 수가 없었다.

숨을 죽이고 얼마 동안이나 견디는가 시험해 보기도 하였다.

몇 분 지나면 귓속에서 찡찡 소리가 나고 의식이 몽롱해 졌다.

마하 나만이 말했다.

　"고타마님, 육체를 없애고 깨달음을 얻는 것입니까?
　죽은 것이 깨달음이라면 처음부터 태어나는 것이 잘못이 아닙니까."

　"네 말이 맞다. 육체를 이렇게 혹사해서는 안 될 것이다.
　육체로 태어나는 데에는 태어나는 목적이 있으며 틀림없는
　이유가 있을 것이다."

고타마는 이렇게 대답하고 '이 수수께끼를 풀어야 한다' 하고 속으로 다짐하였다.

마하 나만과는 4촌간이었다. 그도 이제는 수행자로서의 풍모를 완전히 갖추고 있었다. 엄한 수행 때문에 그 장대하던 몸집은 말라 빠졌고 눈빛만 이상하게 반짝거렸다. 아직 20대의 젊은 나이인데도 40대로 보였다. 그러나 몇 마디 대화를 나누어보면 금방 20대의 어린 티가 드러났다.

가끔 카필라 성의 심부름꾼이 이 여섯 사람의 수도장을 찾아왔다. 심부름꾼은 거의 찬다카의 전담이었다. 옷가지와 식량 의약품까지 가져왔다. 물론 숫도다나왕의 분부에 따른 것이었으며 야쇼다라와 의모들의 선물도 있었다.

하지만 그 때마다 거절했다.

왕의 따뜻한 부정은 고맙기 그지 없었지만 거기에 마음이 빠지면 깨달음과는 거리가 멀어지는 것이라고 생각했기 때문이다.

스스로를 준엄하게 다스리는 것에 사로몬으로서의 수행이 존재하며 깨닫기 이전에는 두번 다시 성에 돌아가지 않겠다던 굳은 결심이 흔들려서는 안 될 일이었다.

부왕의 자애는 마음으로만 받아들였을 뿐 그 자애에 빠지는 일이 없이 고타마는 출가의 결의를 더욱 굳게 다져 나갔다.

그러나 장마비를 흠뻑 맞으면서 무거운 짐을 지고 먼 길을 달려온 찬다카를 보면 가슴이 아팠다.

진심으로 감사하고 미안하기도 하였다.

여섯은 배는 고프고 의복도 거지꼴의 누더기였으므로 실컷 먹고 마시고 옷도 갈아입고 싶었다.

참는 것도 어찌 보면 체면치레에 불과할지 모른다.

찬다카의 역할은 언제나 그의 뜻과는 정반대로 빗나갔다.

임금과 왕자 사이를 오가는 그의 노력은 언제나 헛수고로 끝나는 것이었다.

그는 다시 짐을 챙겨 빗속으로 사라져 갔다.

장마철이 끝난 다음 날 고타마는 생각했다.

　"코스타니야들과 함께 공동 생활을 해서는 아무 성과도 얻
어낼 수 없다.

　공동 생활을 하면 카필라에서의 생활이 그대로 연장되어 왕
자와 신하와의 관계도 떨쳐 버릴 수가 없다.

　저들은 이것 저것 마음을 써주고 있으며 나도 그만 거기에
얹혀 버리고 있지 않을까.

　수행은 어디까지나 혼자서 해야 하는 것이다.

　남의 육체적 고통을 내가 나누어 가지고 싶어도 그것은 불
가능한 일이다.

　자식의 병을 부모가 대신 앓지 못하듯 깨달음 또한 스스로
가 해야 할 일…."

이렇게 단안을 내린 고타마는 그들과 작별하고 가야다나로 떠났다.

거기서 후이후이교[1]의 수행자인 와이야리스 스타데이라는 노승老
僧을 만나 이야기를 나누었다.

........................................................................
　1) **후이후이교**: 조로아스터교(Zoroastrianism), 마즈다교(Mazdaism) 또는 배화교
(拜火敎)는 페르시아(이란) 지역에서 발원한 종교로, 아베스타어로 '자라수슈트라'인데,
이게 그리스에서 전사라는 뜻의 '조로아스트레스'가 되었고, 그것이 라틴어를 거쳐 영어
로 '조로아스터'가 되었다. 조로아스터교도가 하루에 5번 진행되는 의식에 신성히 쓰이
는 성화를 보존하려고 한 것이, 불을 숭상한다 하여 배화교(拜火敎)로 알려져 있지만, 불
은 아후라 마즈다(이란)=아그니(인도)의 순수함과 거짓을 태우고 어둠을 몰아내는 진
리를 드러내는 상징으로 신의 현존을 느끼는 매개체이자 성스러운 빛의 표현이다. 리그
베다(인도)와 고대 아베스탄어(이란)는 매우 유사한 언어로 문화적, 사회적, 종교적으로
두 집단이 인도-이란(Proto-Indo-Iranian) 공통 조상으로부터 분리된 지 얼마 지나지
않음을 시사한다.

후이후이교의 수행도 역시 육체 고행이었다.

육체 번뇌를 없앰으로써 깨달음을 얻을 수 있다는 것이다.

와크 선인仙人과 그 방법이 별로 다른 데가 없었다.

깨달음의 한 가닥 실마리라도 잡을까 하는 기대를 걸고 대화를 계속해 보았으나 마음의 문제에 대해서는 전혀 해답을 얻을 수 없었다.

바라문 수행자와도 만나 보았다. 결과는 마찬가지였다.

모두가 아라라 카라마 선인仙人보다 나은 데가 없었다.

하는 수 없이 그는 다시 우루벨라로 돌아와 코스타니야들과 어울려 자기가 만난 여러 수행자들의 수도 방법을 이야기 해주었다.

고타마가 없는 동안 다섯은 다섯대로 라자그리하 마을에서 많은 수행자들의 설법을 들었으며 생로병사에 대해서 종종 토론을 벌이기도 했다.

그 결과 그들 또한 깨달음이란 스스로의 힘으로 실마리를 푸는 길밖에 없다는 것을 알았다.

5년째의 장마철이 돌아왔다.

고타마가 동굴 속에서 참선을 하고 있으니 다시 눈앞에 황금빛이 환하게 비치기 시작했다. 그 빛 속에 이승의 것과는 다른 아름다운 목가적牧歌的인 풍경이 펼쳐졌다.

고타마는 조용히 그 풍경을 지켜보았다.

나무 잎사귀 하나하나의 초록빛이 선명하기 그지없었으며 마치 살아있는 생물처럼 약동하고 있었다.

노란 낙엽은 한 잎사귀도 없었다.

같은 녹색이면서도 여러 가지의 속빛깔을 보이면서 고타마의 마음속에 전달되어 왔다.

고타마는 지난 30여년 동안 부왕을 따라 나섰던 사냥터나 이국 땅에서 더러 놀라운 경치를 보아왔지만 그 어느 것 하나 지금 눈 앞에 전개되는 이 풍경에 필적하는 것은 없었다.

자연은 살아 있었다 초록색이 생생하게 호흡하고 있다는 사실을 실감한 것도 난생 처음이었다.

　"아름답구나…!"

저도 모르게 탄성이 흘러 나왔다. 감동으로 몸이 떨렸다.

눈물이 볼을 타고 흘러내렸다.

그는 조용히 눈을 떴다.

눈을 떠도 참선 중의 풍경이 동공 속에 달라붙어 사라지지 않았다. 마음의 문이 열리는 느낌이 들었다. 깨달음에 접근하고 있다는 생각도 들었다.

장마비가 그치고 동냥질을 나가도 마음은 가벼웠으며 무겁게 짓누르던 가슴의 응어리가 녹아 없어진 기분이었다

그리고 그 황금빛 세계를 통해서 내세來世의 모습을 기어이 보고 말리라는 새로운 결심이 솟아났다.

이틀, 사흘, 나흘... 마음의 정적이 계속되었다.

신통하게도 마음에 파도가 일지 않았다.

행운유수行雲流水라는 말 그대로 고타마의 마음은 자연의 흐름 따라 흘러가고 있었다.

그래서 이 흐름대로 가면 깨달음의 경지에 이를 것이라는 생각이 들었다.

그러나 그런데도 말이다… 그 명경지수明鏡止水의 마음이 까딱 한순간의 잘못된 일로 말미암아 그만 흐려지고 말았다.

코스타니야들과 바라문 수행자 사이에 벌어진 논쟁이 잘못이었다.

한 바라문 수행자가 그의 계급 의식을 앞세워 코스타니야 일행의 수행을 빈정거렸던 것이 사단이 됐다. 이것 저것 억지 구실을 붙여 다섯을 괴롭혔다.

이것을 엿들은 고타마는 지금까지 조용했던 마음이 갑자기 일렁거리기 시작하더니 무럭무럭 투쟁심이 솟아나고 말았다.

"바라문님 보시오, 당신들 바라문 계급은 신불神佛의 사자라고 자칭하고 있다.
크샤트리아는 바라문의 하수인이라고 말하고 있는데 도대체 그 구분은 신불神佛이 만든 것인가 아니면 바라문이 만든 것인가 대답해 보시오."

그러자 바라문 수행자는,

"베다나 우파니샤드 성전聖典에 보면 바라문 계급은 크샤트리아, 베이샤, 수드라를 지배하는 것으로 되어 있다.

결국 무사는 무사, 상인은 상인, 노예는 노예가 아닌가.
이것이 움직일 수 없는 사회상이다.
풋나기 그대들이 신神의 사자使者 구실을 한다는 것은 처음
부터 잘못된 일이 아닌가.”

“그렇다면 한 가지 묻겠다.
당신들 바라문을 위해서만 대자연이 존재하며 다른 계급을
위해서는 존재하지 않는다는 뜻인가.
저 태양은 바라문 계급에게만 따뜻한 햇빛을 보내고 있단
말인가.
우리들에게도 평등하게 비추고 있는 이유는 무엇인가…?”

그 바라문은 입을 닫고 말았다. 옆에 서 있던 코스타니야는 당장
에라도 그 늙은 바라문 승僧에게 달려들어 짓밟아 버릴 듯 노려보고
있었다. 바라문 승이 떠난 뒤에도 그는,

“고타마님이 아니었다면 그 늙은 것의 아가리를 찢어버렸
을 텐데…”

하고 분을 못 참고 씩씩거렸다. 수행자들 사이에는 이러한 종교 논
쟁을 즐기는 자가 많았으며 자기 주장을 밀어붙이고는 으시대는 자
가 많았다. 이 논쟁으로 고타마는 모처럼 열렸던 마음의 문을 스스
로의 손으로 닫아 버렸다. 감정의 파도 이상으로 깨달음의 길을 망
쳐놓는 것은 없다.

“아아….”

고타마는 하늘을 쳐다보고 깊은 한숨을 쉬었다.

바라문 노승과의 논쟁 때문에 모처럼 얻은 마음의 평안을 한순간에 잃어버린 것이 안타까웠다.

수면에 떨어진 돌멩이의 파문이 좀체로 지워지지 않는 것처럼 한 번 잃은 그 마음의 정적을 되찾는 데에는 며칠 동안의 시간이 필요했다.

참선에 들어도 지식으로 만족에 빠진 그 노승의 험담과 비웃는 얼굴이 떠올라 마음의 파도는 좀체 가라앉지 않았다.

　“안 돼, 이래서는 안 되지…”

스스로를 타이르면 타이를수록 마음의 평안은 멀어졌다.

구도심이 강하면 강할수록 마음의 평안이 더욱 멀어지는 것은, 수면의 파문이 기슭에 부딪쳐 두 겹 세 겹의 파문을 짓는 것처럼, 마음이 파문에 사로잡혀 그 마음을 더욱 더 흔들어대기 때문이다.

흔히 사람들로부터 비방을 받으면 저도 모르게 자신을 옹호하는 자아가 고개를 쳐들어 노여움의 감정에 불을 지른다.

사람들로부터 비방을 받는 것은 비방받을 만한 그 무슨 이유가 자신에게 있는가, 아니면 하늘의 시련이든가 둘 중 하나다.

그러나 하늘의 시련이라 해도 시련을 만날 만한 카르마業가 자신에게 없으면 시련을 받을 리가 없다.

원인이 자신에게 있다면 그 원인을 조용히 살펴볼 마음의 여유, 마음의 관용성이 있어야 하지 않은가.

적어도 구도자라면 그 정도의 자질을 갖추어야 한다.

앞뒤를 살피는 그러한 또 한 사람의 자신을 잊어버리고 상대방의 중상 비방에 즉각 반발하는 태도는 이미 수도자로서의 태도라고는 볼 수 없는 것이다.

노여움은 마음의 평안을 휘젓는 가장 큰 독이다.

왜냐하면 마음의 평안은 인간 감정의 가장 깊은 밑바닥에 있는 것이기 때문이다.

만일 인간에게 감정이란 정서가 없다면 어떻게 될 것인가.

인간은 로보트나 다를 바 없으며 살아 있는 인형에 불과할 것이다. 남의 물건을 가로채거나 남을 죽이거나 아무 느낌이 없다면 불쌍하게 여기는 마음, 도우려고 하는 사랑의 마음도 눈뜨지 못할 것이다. 인간에게는 감정이란 정서가 있기 때문에 대자연의 자비에 감동하고 사랑의 행위에 용감하게 나선다.

인간의 감정은 인간다운 가장 중요한 근원적인 정신 작용이며 이것을 무시하고서는 인간을 논할 수 없다.

감정이란 이렇게 중요한 것이지만 그 감정 가운데에서도 노여움, 중상, 질투의 상념은 자비와 사랑의 출입문을 무조건 닫아버리기 때문에 이것만큼 깨달음을 멀리하게 하는 장애물은 없다.

고타마는 바라문 노승의 욕설에 휘말려 그만 노여움의 불을 당겨 이에 맞서고 말았다.

그리고 그 상대를 굴복시킴으로써 스스로의 언동을 정당화하려고 했다.

곰곰이 살펴보니 이 이상 도에서 이탈한 태도가 없다는 생각이 들었다 자기 변호에는 자아가 있었다.

자신을 편안하게 하는 것은 아무 것도 없었으며, 있었다면 자기 변호와 하찮은 자기 만족 뿐이었다.

상대적相對的인 대립의식이 있기 때문에 자기변호가 나타나게 된다.

천지합일天地合一을 자신 안에서 발견하려면 우선 대립적인 자아의 태도부터 고쳐야 한다.

더욱이 자기변호는 자기의 대립의식을 상대에게도 심는 짓이 된다.

따라서 자기변호는 자신의 마음을 손상시킬 뿐만 아니라 상대의 마음까지도 손상시키는 행위이다.

올바르게 보고 올바르게 생각하는 중도中道의 깨달음은 절대합일 絶對合一의 넓은 마음의 축軸이 되어 있다.

바꾸어 말하면 사심私心이 없다.

사심私心이 작용하는 동안에는 사물을 올바르게 볼 수도 생각할 수도 없는 일이다.

고타마는 바라문 수행자와의 입씨름으로 일단은 마음을 어지럽혔지만 반성에 의해서 오히려 중도의 마음에는 한걸음 접근할 수 있었다.

제 2 장

# 성도成道

## §한 모금의 우유

카필라 성을 떠난 지 벌써 6년이나 지났다. 하지만 깨달음을 위해 서는 아직 이렇다 할 실마리조차 잡지 못하고 있다.

선정이라는 엄격한 육체 고행은 하루도 빠지지 않고 실천해 오고 있는데 도움이 된 것 같지도 않았다.

카필라 성의 지하실에서 혼자 명상에 잠겨 있을 때가 훨씬 더 좋았 다는 생각이 들기도 했다.

6년이란 긴 세월에 비하면 깨달음의 진도는 너무도 빈약하다. 과 연 이대로 지속해야 좋을까 하는 의심마저 들었다.

어디 그 뿐인가. 지난날의 그 우람하던 육체는 어디 가고 아직 30 대의 젊은 나이인데 늙은이처럼 뼈와 가죽만 남은 죽음 직전의 꼴 이 되고 말았다.

조용히 흐르는 네란자라 강은 아침마다 쇠약한 육체를 그런대로 맑게 씻어 주었다.

수면에 비친 자신의 얼굴은 생판 딴 사람이었다. 6년 사이에 자신 의 모습은 형체도 없이 사라지고 완전히 낯선 몰골이 돼 버렸다.

6년 전이나 지금이나 깨달음은 아무런 변화가 없는데 육체만은 무 섭게 변해 버렸다.

놀라운 일이라면 놀랍고 당연한 일이라면 너무나 당연한 일이다.

그런 어느 아침 네란자라 강물에 잠겨 몸을 씻고 있는데 몇 마리의 새떼가 강을 가로질러 건너편 언덕의 숲 속으로 날아갔다.

고타마의 머리 위를 스치듯 즐겁게 조잘대며 날아갔다. 그들에겐 마음의 괴로움도 육체적 고통도 없는 것 같았다.

새 소리는 고막에 달라붙어 사라지지 않았다. 강물에서 나온 고타마는 새처럼 자유스럽게 날아보고 싶어졌다. 새들이 부러웠다.

한동안 풀밭에 앉아 있는데 어디선가 소녀의 노랫소리가 바람을 타고 들려왔다. 그 노랫가락은 높게 낮게 천상계의 음악처럼 들렸다. 고타마는 그 노랫소리에 자신도 모르게 귀를 모았다.

<blockquote>
가야금 줄은 너무 조이면<br>
소리가 터지네.<br>
가야금 줄은 느슨하면<br>
소리가 안 나네.<br>
가야금 줄은 알맞게 조여야<br>
소리가 좋아.<br>
가야금 가락에 장단 맞추어<br>
우리 모두 춤추세<br>
춤추어요.<br>
둥글게 손 잡고 춤추세<br>
춤추어요.
</blockquote>

고타마는 퍼뜩 정신이 들었다. 아침 안개를 타고 흘러오는 그 구슬 같은 노랫소리는 고타마의 마음을 쥐고 흔들었다.

새들의 자유를 부러워했던 조금 전의 마음은 순식간에 수행자의 자신으로 돌아왔다.

그는 온 몸이 귀가 되어 어린 소녀의 노래를 놓치지 않았다. 그리고 그 노래에 무아지경이 되었다.

동쪽 하늘은 바야흐로 붉게 물들어 믿음직스러운 태양이 그 불변의 얼굴을 드러내는 순간이었다.

　　“가야금 줄은 알맞게 조여야 소리가 좋아”

고타마는 다시 한번 노래의 가사를 되씹었다.

　　“…알았다. 아아….이제야 알았다.”

6년 동안 추궁해온 수수께끼가 하늘의 계시처럼 번쩍 순간적으로 풀렸다.

카필라 성에 있을 때 궁녀들이 잘 타던 가야금 소리였다. 그 가사도 이미 알고 있는 것이었다.

그것이 여태껏 머리에 떠오르지 않았다니!

한 소녀의 목소리에 의해서 6년 고행의 실마리가 풀렸다. 노래의 주인공은 고타마에겐 바로 천녀天女였다.

붉은 태양은 동녘 산야山野와 고타마를 내려다보며 서서히 그 모습을 드러내고 있었다.

노래를 부르는 소녀는 목장에서 젖을 짜고 있었다. 나이는 17~18세. 옷차림은 볼 품 없었으나 갸름한 얼굴에 기품이 넘쳤다. 고타마는 조용히 다가가 노래가 그치기를 기다렸다. 틈을 보아 헛기침을 하고 말을 건넸다.

"좋은 노래를 들려주어서 고맙구나."

소녀를 향해서 고타마는 고개를 숙였다. 소녀는 한동안 놀란 표정이었으나 고타마의 정중한 태도에 안심하고 부끄러운 듯이 얼굴을 숙였다.

"방금 짠 우유입니다. 괜찮으시면 한 모금 드십시오."

얼굴을 붉히면서 방금 짠 우유통을 들고 와서 고타마의 바리때에 부어주었다.

"고맙구나..."

고타마는 한 마디 인사를 던지고 나서는 속으로 수없는 감사의 말을 되뇌었다.

"저... 실례가 되지 않는다면 아가씨의 이름을 좀 알고 싶은데..."

"네, 저는 추다리아 추다다(수자타)라고 합니다."

소녀는 얌전하게 대답했다.

"나이는...?"

"열입곱 살입니다."

소녀는 비로소 고개를 들었다. 그리고 가만히 고타마의 얼굴을 뚫어지게 쳐다보았다. 갑자기 불에라도 댄듯 그녀는 두어 발자국 뒤로 물러섰다. 고타마가 미소 짓고 있는데 그녀는 우유통을 내려놓고 무릎을 꿇었다.

　　"수도사님은 위대한 분이십니다. 제발 용서해 주십시오."

그녀는 넙죽 고타마의 발밑에 엎드렸다.

　　"추다다야, 겁낼 것 없다. 나는 코살라국 카필라 성의 왕자
　　고타마 싯다르타라고 하는 수행자다. 걱정할 것 없다.
　　자, 그리고 고개를 들어요."

고타마가 이렇게 말하자 추다다는 고개를 들고,

　　"고타마님은 빛나고 있습니다. 흡사 브라흐만 같습니다."

하고 바들바들 떨면서 고타마를 향해서 합장하는 것이었다.

이 광경을 코스타니야 등이 멀리서 바라보고 있었다.

고타마는 추다다에게 고맙다는 인삿말을 남기고 다섯이 있는 곳으로 돌아와 소녀가 준 우유를 마셨다. 우유의 맛은 유별나게 좋았다. 메마른 모래밭에 물이 스며들어가듯 몸 구석구석 영양분이 도는 것 같았다. 이것을 본 코스타니야가 언성을 높이며 대들었다.

　　"고타마님은 수행을 포기하셨습니까. 수행자는 비린내나는
　　것은 입에 넣어서는 안 됩니다. 잊었습니까?"

고타마는 다섯의 얼굴을 둘러보며,

　　"이대로 고행을 계속하다가는 깨달음을 얻기 전에 육체가
　　망한다. 나는 뼈와 가죽만 남은 이 육체를 다시 살려 놓아야
　　겠다고 결심했다."

하고 단호하게 말했다. 다섯은 언덕에서 떨어지기라도 한 듯 놀
란 얼굴로 서로 쳐다보았다. 이윽고 마하 나만이,

　　"당신은 수행을 포기했다. 역시 당신은 의지가 약하다.
　　요즘 어쩐지 당신은 우리들과 떨어져 혼자서 생각에 잠기고
　　있었다. 그렇게 수행을 포기하고 싶으면 우리들끼리 별도의
　　수도장으로 떠나겠다."

하고 쏘아댔다. 다섯은 무엇인가 쑥덕거리더니 그중 대표자격인
코스타니야가 고타마에게 돌아와서 한 마디 내뱉었다.

　　"고타마, 오늘로 당신과는 결별이다. 여태껏 제자로서 당신
　　을 따라왔는데 이젠 왕자도 스승도 아무 것도 아니다.
　　당신 마음대로 해라."

다섯은 한순간에 완전히 달라졌다.

그 서슬에 고타마는 아연했다.

다섯은 고타마의 말에 더 이상 귀를 기울이려고 하지 않았다.

## §마음의 격투

그들은 고타마를 떠나 뒤도 돌아보지 않고 네란자라 강둑을 따라 북쪽으로 사라져 버렸다.

고타마는 멀어져가는 다섯의 뒷모습을 망연히 바라볼 뿐이었다. 수년 동안 기거를 같이 하면서 함께 괴로워하고 서로 도와온 사이인데 한 모금의 우유 때문에 그 소중한 관계가 순식간에 깨어지리라고는 꿈에도 생각지 못한 일이었다.

하지만 수행은 원래 혼자서 하는 것이다. 깨달음도 자신이 깨닫는 것이지 친구가 깨닫게 해주는 것은 아니다. 처음부터 혼자서 수행하기 위해서 성을 떠난 것이 아니던가.

그러니 이제 와서 어떤 이유도 권리도 이쪽엔 없다. 그러나 단 한 모금의 우유 사건으로 서로의 의사가 삽시간에 단절되었다는 사실은 애석하기 그지없었다.

우유 요기를 하고 난 고타마는 우루벨라의 숲으로 돌아왔다.

'가야금 줄은 알맞게 조여야 소리가 좋아'

평범한 노랫소리 한 구절이 다시 고타마의 고막을 흔들어댔다.

깨달음의 실마리가 잡혔다. 큰 보리수 나무를 찾아 깨달을 때까지는 거기서 떠나지 않겠다고 작심하였다.

보리수의 수령은 족히 수백 년은 됨직했다. 대여섯 명이 몸을 숨길 수 있을 정도의 거목이었다. 그 밑둥을 등지고 참선을 하면 짐승들의 습격도 피할 수 있었다.

보리수의 잎은 이슬과 비도 막아 주었다. 잎은 크고 울창하였다. 낮에도 햇볕이 들지 않을 정도였다. 참선하기에는 둘도 없이 좋은 장소였다. 주위는 한산하고 조용하기 그지없었다. 누가 옆에 있어서 신경 쓸 일도 없어졌다.

거기서 30미터쯤 나가면 시야는 트이고 아름다운 풍경이 펼쳐진다. 네란자라 강이 발 아래 흐르고 있어서 목욕을 하거나 음료수로 사용하기에도 불편함이 없는 장소였다.

'깨달을 때까지 여기서 한 발자국도 벗어나지 않으리라,
이 곳이야말로 하늘이 내려준 금생 최후의 장소다'

라고 고타마는 작정하였다.

사슴 가죽으로 만든 물주머니에 물을 채우고 약간의 과실과 돌소금을 준비해 두었다.

그리고 태양이 떠오르는 쪽을 향해서 정좌하였다.

추다다가 불렀던 민요를 상기하면서 조용히 명상에 잠겼다.

바로 어제까지만 해도 코스타니야들을 말벗 삼아 수도에 정진해왔는데 오늘부터는 모든 것이 혼자의 힘이다.

원래의 상태로 돌아온 것이다.

남의 눈치를 살필 필요도 없어졌다.

카필라 성을 탈출하여 빛을 구하던 바로 그 때의 초발심이 다시 되살아났다.

잡념에 사로잡히는 일도 없어졌다.

아니 오히려 고타마는 이젠 죽어도 좋다는 생각마저 들었다.

다섯과 헤어지기 전까지는 깨닫기 전에는 죽을 수 없다고 생각해왔는데 혼자 되고 보니 그 생각마저 버리게 되었다.

집착에서 해방되어 본래의 자신으로 돌아오니 어깨의 짐은 가벼워지고 마음은 자유롭게 끝없이 넓어져 갔다.

명상에 잠겨 있으니 이름 모를 새들이 손끝 가까이까지 날아왔다. 이따금 어깨 위에 앉아 아름다운 목소리를 굴리기도 했다.

눈을 뜨고 손바닥에 모이를 놓으면 내려와 쪼아 먹었다.

새들은 아무런 불안도 경계심도 없었다.

고타마도 그것을 이상하게 생각하지 않았다.

그런데 문득 육신의 자신으로 돌아와 새들을 바라보면 이미 그들은 그 자리에 없었다.

또한 명상중에 원숭이가 한 마리 고타마의 등에 올라타고 한참 동안 두리번거리다가 나뭇가지 위로 뛰어가기도 했다.

명상중의 고타마는 이미 어제까지의 고타마가 아니었다.

일체의 집착에서 벗어난 본심으로 돌아와 있었다.

지상의 상념에서 해방되어 대자연의 자비의 마음과 어울리고 있었다.

밤에는 모닥불을 피워놓고 선정에 들었다.

호랑이, 하이에나 등의 맹수를 방어하기 위해서였지만 귓전 가까이 맹수의 울음 소리가 들려와도 마음은 흐트러지지 않고 조용하였으며 이전처럼 눈을 뜨고 몸을 도사리는 짓도 하지 않았다.

명상이 깊어짐에 따라 눈 앞이 황금빛으로 변했다.

지금까지 몇 번인가 경험한 현상이었지만 그 현상이 유난히 똑똑하게 나타났다.

황금빛의 자광이었다.

착각인가 하고 눈을 뜨고 확인해 보았지만 틀림없는 현상이었다. 눈 앞에 피워놓은 모닥불의 빛이 아니라는 것도 확인되었다.

그런데 그 자광이 눈을 뜨기만 하면 그만 어둠으로 바뀌던 이전과는 달리 이번에는 그렇지가 않았다.

눈을 떠도, 눈을 감아도 마찬가지로 환하게 빛났다.

그만큼 고타마의 마음은 대자연과 한덩어리로 녹아 있었다.

  '마음의 조화를 더욱 깊게 하려면 어떻게 하면 좋을까...'

그런데 그런 마음의 의문이 일어나자마자 환하게 감싸고 있던 황금의 빛은 흔적도 없이 사라지고 빨갛게 불타는 모닥불만이 캄캄한 어둠을 밝히고 있을 뿐이었다.

  "아, 또 다시 같은 결과가 돼버렸구나."

고타마는 속으로 뇌었다. 고타마는 다시 명상에 들려고 했다.

조용히 눈을 감고 마음의 파문을 가라앉히려고 했다.

그러자 귓가에서 여자의 목소리가 들려왔다.

"싯다르타님, 저예요."

무의식중에 고타마는 눈을 떴다.

모닥불 건너편을 보니 어둠 속에 야쇼다라가 서 있지 않는가.

야쇼다라가 욕정의 눈길을 보내고 있었다.

투명한 비단옷이 하늘거리고 있었다.

'이 한밤중에 어떻게 야쇼다라가 나타났을까.
여기를 어떻게 알고 왔을까.'

고타마는 머리가 혼란해졌다.

아내와 헤어진 지도 벌써 6년이 지났다.

지금은 카필라 성과의 통신도 두절되었고 카필라의 소식도 모르고 있다. 다섯 명과도 헤어졌고 야쇼다라가 다섯 명을 우연히 만났다 하더라도 자신이 있는 이 곳은 알 리가 없지 않은가.

'참 이상한 일도 있구나.'
'꿈이 아닐까.'

자신을 의심하고 무릎을 꼬집어 보았지만 역시 틀림없는 현실이었다.

자세히 보니 야소다라의 왼편에도 사람이 서 있었다.

고파였다. 고파도 두 손을 뻗어 고타마를 반기려 하고 있었다.

더 자세히 살펴보니 지난날 낯익은 무희舞姬들의 모습도 보이는 것이 아닌가.

도대체 어떻게 된 노릇인가.

야쇼다라가 죽어서 여기까지 이별의 인사라도 하러 왔단 말인가.

참 이상한 일도 다 있구나 생각하니 머리는 더욱 더 혼란스러워졌다.

하지만 고타마는 가만히 그들을 바라볼 뿐 일어서지는 않았다.

그러자 야쇼다라의 몸이 움직였다.

남성을 갈구하는 여성의 야릇한 몸짓이었다.

몸을 꼬면서 유혹하는 매춘녀의 모습으로 변했다.

　'…악마다.'

고타마는 순간적으로 그렇게 생각했다.

그런데 그런 생각을 하는 순간 야쇼다라도 고파도 그리고 무희들도 그만 어둠 속으로 사라지고 말았다.

고타마가 악마라고 생각한 그 순간에 고타마의 몸은 브라흐만의 빛에 싸여 여인들의 모습은 지워졌던 것이다.

악마… 이 정체 모를 괴물은 언제 어디서 생겨난 것일까.

악마란 도대체 무엇을 말하는 것일까.

악마란 인간의 육신 안에 집을 짓는 기생충 같은 것이다.

기생충이 체내에 집을 지으면 음식물은 다 빼앗기고 인간은 쇠약하여 죽음에 이른다.

그와 마찬가지로 악마에 사로잡히면 인간은 평상심을 잃고 함부로 투쟁심이 강해진다.

그리하여 자기에게 적대하는 자가 나타나면 인정사정 없이 넘어뜨리지 않고서는 못 배긴다. 피를 보고 쾌감을 느끼며 남의 불행을 보고 냉담하다.

자신의 본심이 돌아왔을 때 어째서 그런 짓을 했을까, 하고 비로소 뒤돌아보고 후회하게 된다.

하지만 이래서는 이미 때가 늦은 것이다.

남의 불행과 슬픔을 기뻐하는 사람은 없다.

그러나 자기의 경쟁자나 자기를 짓누르고 있는 상사가 그런 역경에 빠지면 속으로 '고소하다'고 생각하지 않는 사람은 드물 것이다.

악마는 그러한 마음속에 집을 짓는다.

말하자면 사람의 마음속에는 항상 악마가 숨어 있다.

그래서 남의 불행을 짓궂게 즐기는 그 정도가 지나치면 어느 틈에 육신이 무거워지고 가정환경은 조화를 잃게 되며 거기서 벗어나려고 해도 그만 꼼짝달싹 못하게 된다.

악마는 인간이 지은 업상념業想念이며 악惡의 에너지이다.

인간 사회가 혼란하고 인간의 마음이 거칠어지면, 지옥의 망령들이 그 거친 마음의 파장을 타고 내려와 더욱 더 혼란스런 짓을 거침 없이 저지르게 된다.

1500년 이전까지의 세상은 악마가 인간의 마음을 지배하고 있었기 때문에 살인을 하거나, 부녀자가 강간을 당하거나 본체만체 태연했다. 인간의 생명은 벌레 이하였다.

지금도 전쟁이 지속되면 악마는 시대와 상관없이 난폭하게 설쳐댄다. 악마는 언제나 인간의 마음과 표리 관계로 살고 있기 때문이다.

고타마는 한밤중에 일어났던 이 현상을 두고 자신의 마음 한 구석에 아직도 그런 상념의 앙금이 남아 있다는 것을 깨달았다.

그래서 악마의 유혹에 빠져서는 안 되겠다고 마음을 다시금 가다듬었다.

난생 처음으로 겪는 이번 사건을 단단히 명심하면서 몸을 눕혔다.

모닥불은 푸석푸석 소리를 내면서 타고 있었다.

하룻밤이 새고 산새가 첫 홰를 쳤다.

고타마는 산새 소리와 함께 잠을 깼다.

혼자서 하룻밤을 샌 이 날 아침은 여느 때보다 기분이 상쾌했다.

마음의 무거운 짐도 없어졌고 아침 공기는 싱그럽고 맑기만 했다.

일어날 생각도 하지 않고 드러누운 채 보리수의 울창한 잎들을 바라보고 있었다.

  이름 모를 새들이 조잘조잘 목청을 굴리면서 가지 사이를 분주하
게 날아다니고 있었다.

  간밤의 현상은 참으로 놀라운 일이었다.

  무엇인가 마음을 덮고 있던 엷은 막 같은 것이 한겹 한겹 벗겨져
나가는 것만 같았다.

  마음의 장애물이 벗겨져 가는 느낌을 맛보았다.

# §중도中道

코스타니야 등이 떠난 지 이틀째 밤을 맞이하였다.

어제부터 대자연을 벗삼아 자유스러운 마음으로 반성을 시작했지만 6년 동안이나 고락을 함께 해온 다섯 명의 동료 생각을 하니 역시 걱정이 되었다. 그들 다섯은 지금 어디 가서 무엇을 하고 있을까. 아직도 그 우직스러운 육체 고행에 매달리고 있을가.

지금 자신은 지나간 30여 년을 뒤돌아보면서 겪어온 인생을 샅샅이 반성하고 있다.

먹을 때는 먹고, 잠잘 때는 잠도 잔다.

깨달을 때까지는 죽을 수 없다는 마음도 버렸고, 비린내 나는 음식물은 먹지 않겠다던 고집도 깡그리 없앴다.

그리고 생사生死의 사념마저 버리고 나니 마음은 그지없이 편안하고 가벼웠다.

집착을 떠난 인간의 마음이 이렇게 너그러워지고 편안해지리라고는 바로 어제까지만 해도 상상도 못했던 일이다.

먹을 것도 먹지 않는 참선 외길의 육체 고행과는 하늘과 땅의 차이만큼 컸다.

그들 다섯에게 어젯밤 이후의 자신의 변화를 설명해주고 싶었다.

언젠가 마하 나만이 이렇게 물어왔다.

"고타마님, 육체를 멸망시키면서까지 깨달을 필요가 있다면 애당초 태어난 것이 잘못이 아니겠습니까."

이 물음에 대해서 고타마 자신도 확실한 대답을 할 수가 없었다. 잘못이라는 생각은 들었지만 어디가 잘못인지 설명하려고 하니 모호해졌다. 그러나 지금이라면,

"육체에는 육체의 역할이 있다.
그 역할을 무시한 채 깨달음이 있다고 하는 것은 분명한 사도邪道이며 관념의 유희에 지나지 않는다.
깨달음은 건강한 육체와 건전한 정신에서 얻을 수 있다.
병약하고 의식이 흐릿한 자가 어떻게 신불神佛의 마음에 접근할 수 있겠는가.
대자연의 설계를 보아라.
태양의 빛과 열은 언제나 건강하지 않은가.
고함도 지르지 않고 성내지도 않는다.
신불神佛의 마음은 저 태양처럼 건전한 마음과 육체에 있을 것이다.
마음을 보다 넓게 보다 크게 키워 나가기 위해서는 우선 건전한 육체가 앞서지 않으면 안 된다.
깨닫기 위해서는 먼저 정신과 육체의 조화가 전제되어야 한다..."

라고 말했을 것이다.

마하 나만은 육체 고행에 대해서 의문을 품고 있었음에도 불구하고 한 모금의 우유 사건으로 말미암아 그들과 행동을 함께하고 말았다.

지금은 어찌할 수도 없는 노릇이지만 그러나 그 때 그들을 붙들고 중도中道의 마음에 대해서 좀더 이야기했어야 옳았다는 생각도 들었다.

고타마는 조용히 명상에 들어갔다.

명상에 드니 현실의 바깥 어둠과는 달리 의식계의 황금빛 둥근 태양이 부드러운 광명을 솔아 고타마의 마음을 밝혀 주었다.

흡사 대낮처럼 환하게 밝다.

그런데 그 밝음에는 대낮의 밝음과는 다른, 한없이 부드러운 부피와 평안함이 있었다.

그 태양의 햇빛을 받으면서 자연의 풍경이 싱싱하게 숨쉬고 있었다.

비스듬히 펼쳐지는 광대한 구릉丘陵에는 신록의 잔디가 융단처럼 깔려 고타마에게 무엇인가 속삭이는 것만 같았다.

고타마는 저도 몰래 미소로 답례하고 있었다.

새들이 지저귀고 평화로 충만한 언덕은 환하게 끝없이 뻗었으며 영원한 실재계實在界란 바로 지금 자기가 서서 바로 보고 있는 이 곳이 아니겠는가 하고 고타마는 생각하였다.

하지만 육신의 자신으로 돌아와 눈을 떠보면 캄캄한 밤이 자기를 에워싸고 있을 뿐이었다.

고타마는 명상 중의 밝은 내면의 세계와 눈을 떴을 때의 어두운 현실의 세계에 번쩍 정신이 들었다.

명상 중의 현상은 현실의 어둠을 비추어 내는 차원이 다른 실재에 다름 아니며, 그래서 그것은 그대로 명明과 암暗이라는 내면을 보여주는 것이 아니겠는가 라는 생각이 들었다.

말하자면 명明의 실재와 암暗의 현실은 그대로 마음의 선악을 상징하고 있으며 그 선악을 추궁하는 것이야말로 깨달음의 본질에 접근하는 길이라고 고타마는 알아차렸다.

고타마의 두 볼을 타고 뜨거운 것이 흘러내렸다.

치밀어오르는 눈물은 그칠 줄 몰랐다. 흐르는 눈물을 가만히 닦아 내고 고타마는 명明과 암暗의 마음에 대해서 추궁해 나갔다.

우선 두 가지 태양이 있다.

현실의 태양과 의식계의 태양이 곧 그것이다.

현실의 태양은 크고 둥글다. 그 열과 빛은 만생만물을 평등하게 비추고 있다.

황금빛 마음의 세계를 비추어 주고 있는 실재계의 태양도 자애의 빛을 아낌없이 쏟고 있다.

그런데 그 마음의 태양이 어찌하여 어둡게 되는 것일까.

하늘에 구름이 덮이면 태양의 빛이 가려지듯이 마음의 태양도 자신의 마음의 구름 때문에 빛이 가려지는 것이리라.

인간의 고통, 슬픔은 바로 이 마음의 구름이 만들어 내고 있다.

호수의 수면에 비치는 달은 아름답다.

그러나 한 번 파문이 일면 그 달 그림자는 무참하게 깨어진다.

인간의 마음도 이와 같다.

파문이라는 마음의 흐트러짐이 없다면 언제까지라도 대자연의 은 총과 아름다움을 잃지 않을 것이다.

명경지수의 호수 표면에 비치는 달 그림자가 그 둥글고 풍부한 시 정을 잃지 않는 것처럼 말이다.

어머니 무릎에서 철없이 노는 아기는 귀엽다.

고통도 슬픔도 없다.

그러나 그 순진무구한 아기가 세월 따라 성장해 갈수록 가정환경, 교육, 동무 등의 영향을 받아 자아가 발생하며 순일한 마음에 그늘 을 지어간다.

드디어 주위의 여러 가지 영향에 의해서 자기라는 의식이 확립되 고 자기보존의 생각 가운데 심신이 형성되어 간다.

고통의 원인은 이러한 자아의 의식에서 비롯된다.

자아의 의식은 온갖 파문을 지어 낸다.

자기 비위에 맞지 않으면 감정적이 되고 칭찬하는 말을 들으면 우 쭐해진다.

왜 그렇게 되는가 살펴보려고도 하지 않는다.

세상이 혼란해지는 것은 문제의 원인을 캐보지도 않고 자기의 형 편과 처지를 고집하기 때문이다.

자연을 수놓고 있는 온갖 색채며 산천초목은 조화되어 있다.

하지만 인간사회의 투쟁과 이기주의, 계급제도, 바라문족의 우월감 등에는 많은 모순이 있다.

'태어나지 않았으면 이러한 고통을 받지 않았을 텐데.'

라고도 생각하지만 태어난 이상 인간에게는 무엇인가 목적과 사명이 있을 것이다.

그 목적이란 도대체 무엇일까. 그리고 사명은 무엇일까.

인간은 누구나 나이를 먹고 병들고 언젠가는 죽는다.

죽음에서 도망칠 수 있는 사람은 아무도 없다.

왕도 수드라도 발가숭이로 태어난다. 그리고 언젠가는 죽는다.

죽을 때는 지위도 명예도 재산도 몽땅 두고 가지 않으면 안 된다. 그런데도 욕망의 불길은 꺼질 줄 모른다.

오관五官을 통해서 느낄 수 있는 현상 세계는 무상無常 바로 그것이다. 무상無常이라고 알면서도 인간은 욕망에 사로잡혀 괴로움을 안고 있다.

인생은 필경 고뇌의 연속이다. 괴로움이 없는 인생이 있다면 그것은 현실과의 타협이거나 도피이거나 아니면 자기 만족일 것이다.

"태어난 것이 잘못이다…"

라는 말을 아무리 해보아야 태양이 동쪽에서 떠서 서쪽으로 지는 순환을 되풀이하고 있듯이 인간의 영혼도 윤회의 법칙에서 벗어날 수는 없다.

　그렇다면 욕심을 품고 괴로움 속에서 일생을 마친다면 그 괴로움은 다시 되풀이될 것이 뻔하다.

　괴로움의 반복은 인간에게 최대의 불행이다.

　적어도 인간으로 태어난 이상 괴로움을 지닌 채 죽음을 맞이하는 일은 없어야 하겠다.

　백이면 백사람 다 바라는 바는 죽을 때까지 괴로움에서 벗어나는 것임이 분명하다.

　해탈解脫이야말로 행복이다.

　그 해탈解脫의 길은 무엇일까.

　만인에게 공통되는 해방, 해탈解脫의 길은 과연 어떤 것일까.

　인간은 눈 뜨고 있을 동안에는 이것 저것 생각하면서 괴로워한다.

　그러나 일단 잠들어 버리면 일체를 모르게 된다.

　귀·코·위장·심장 등은 눈 뜨고 있을 때와 마찬가지로 활동하고 있는데 잠이 들면 아무 것도 모르게 된다.

　기억조차도 사라진다.

　눈을 뜨고 비로소 어제의 일, 아침의 현실을 확인하고, 다시금 이것 저것 생각하면서 괴로움을 안게 된다.

　바로 이 점이다!

　괴로움의 원인은 육체가 아니라 마음이 문제가 된다. 생각하고 염원하는 마음의 작용이 온갖 괴로움과 고통을 지어 내고 있다.

괴로움은 육체의 눈과 머리의 지식으로 미美·추醜·선善·악惡 등을 판단하고 있는 자기 독단의 산물에 다름 아니다.

어느 날 전쟁에 패한 두 사람의 크샤트리아가 산중에 도망쳐 왔다. 먹을 것을 찾아 헤맸다. 두 사람은 큰 망고 작은 망고 두 개의 망고가 달린 나무를 발견하였다. 한 사람의 크샤트리아가 재빨리 큰 망고를 따려고 손을 뻗치자 다른 크샤트리아가 그것은 자기가 발견한 것이라고 우기면서 가로채었을 뿐만 아니라 작은 망고까지도 차지해 버렸다. 두 무사는 입씨름을 하다가 몸싸움을 벌였다. 망고를 차지한 무사는 체력과 무술이 뛰어났으므로 망고를 빼앗긴 무사는 여지없이 땅바닥에 짓밟히고 말았다. 싸움에 진 무사는 원망과 노여움의 눈으로, 망고를 독식하고 있는 무사를 노려보고 있을 따름이었다.

둘의 싸움은 욕심에 있었다.

이 두 사람의 마음에 조화調和라는 마음이 있었다면 두 개의 망고는 두 조각으로 나누어져 둘 다 허기를 면할 수 있었을 것이다.

하지만 둘은 서로가 먼저 망고를 차지하려고 하는 아욕 탓에 마침내 싸움이 돼 버렸던 것이다.

'가야금 줄은 알맞게 조여야 소리가 좋아...'

라는 중도中道의 마음이 이 두 무사에게 있었다면 부조화의 싸움은 일어나지 않았을 것이다.

서로가 살기 위한 아욕我慾에 사로잡혔기 때문에 싸움이 일어났으며 중도中道라는 올바른 견해가 없었기 때문에 불평등이란 모순을 낳고 말았다.

대개의 경우 육체의 눈을 통해서 얻어들인 체험과 지식이라는 것은 아욕我慾이 전제가 된 편견일 때가 많다.

이 때문에 인간 사회는 온갖 모순과 당착에 빠져 자연이 가리키는 중도中道의 마음에서 이탈하고 있다.

진실이 흐려지고 말았다. 진실이 무엇인지 모르게 되었다.

국가 간의 싸움도 그 뿌리를 찾아보면 욕망에 있다.

자국自國의 이익이다.

자국의 이익을 위해서 타국他國을 침략한다.

그래서 승리와 패배의 되풀이를 거듭하고 있는 것이 인류의 역사다.

승리와 패배의 윤회는 욕망의 소용돌이에서 빠져나오지 않는 한 영원히 되풀이 될 것이다.

다시 말하면 괴로움의 윤회는 그 괴로움 속에 마음이 머물고 있는 한 영원히 되풀이 될 것이다.

중도中道에 따라 조화를 이루지 못하는 한 인간은 진정한 행복을 거머쥘 수 없다.

우선 인간은 올바르게 볼 수 있는 눈을 길러야 한다.

아욕我慾을 버리고 조화로운 견해를 가질 수 있도록 노력해야 한다.

그러기 위해서는 자기라는 입장을 버려야 한다.

그래야 올바름을 구할 수 있다.

**올바름의 척도**尺度는 남녀, 노약, 지위, 명예 등의 구별심을 버리고 한 개의 인간으로서, 대자연 속의 개인으로서, 평등한 마음의 눈으로 사물을 보고 상대를 보며 현실을 관찰하는 데 있을 것이다.

관직官職에 있던 자가 옷을 벗고 재야의 입장이 되면 관직 때와는 전혀 달리 자기의 이익을 위해서 관직에 남아 있는 후배들을 곤경에 빠뜨리는 짓을 예사로 한다.

그런가 하면 어제까지만 해도 호랑이 검사檢事로 이름을 떨치던 사람이 오늘은 변호사가 되어 법정에서 주객이 전도된 변호를 하고 있는 모습을 보면 인간의 마음의 본질이 어디 있는지 모르겠다.

## §팔정도八正道

조화의 기본은 우선 무엇보다도 '보는 것'의 올바른 평가에 있다고 말할 수 있을 것이다(정견正見). 나타난 현상의 배후에는 반드시 그 현상을 불러일으킬 만한 원인이 있게 마련이기 때문이다. 또한 자신과 직접 관계가 있는 여러 가지 문제가 발생하였을 때에는 우선 자기자신의 마음의 상태를 잘 살펴볼 필요가 있다. 육체의 눈을 가지고 외계外界의 현상을 올바르게 보기 위해서는 그 육안肉眼 속에 있는 심안心眼을 깨끗이 닦아 두지 않으면 안 된다. 그렇지 않으면 육안肉眼에 비친 여러 현상도 비뚤어져버리기 때문이다. 각자의 마음은 거울이다. 상념이라는 거울을 항상 청소해 두어야 한다. 청소는 반성을 통해서 이루어진다.

'바르게 보는 것'에 이어 생각하는 면에서도 중도中道의 척도는 필요하다. '생각하는 것'도 자기 중심이 되면 남과의 충돌을 피할 수 없게 될 것이다. 생각하는 것은 구상화具象化되기 때문이다. 음식도 식기도 집도 옷도 책상도 다리橋도 비행기도 모두가 '생각하는' 것에서부터 출발하여 발명된 것이다. 따라서 생각한다는 것이 자기 중심이 되면 대인 관계의 조화를 깨뜨리고 시비의 씨를 뿌리게 된다. 친절한 마음을 가지고 사람을 대하면 그 사람도 친절하게 응해 올 것이다(정사正思).

'말'에 있어서도 마찬가지다(정어正語). 농담이 진담이라는 속담은 일면의 진실을 담고 있다. 상대를 깔보는 말, 야비한 말을 쓰고 있으면 어느 틈에 그 말에 자신의 마음까지 물들어 상대의 기분을 자극

해서 싸움의 원인을 만든다. 말은 마음의 참표현이며 살아 있는 파동波動이다. 겸손한 말, 자비로운 말, 친절한 말, 용기있는 말, 다정한 말 등 올바르게 말(정어正語)해야 할 중요성은 인간이 사회생활을 영위하는 한 절대적으로 필요한 요건要件의 하나이다.

고타마는 명明과 암暗의 마음에 대해서 단숨에 여기까지 추궁할 수 있었다. 그리고 정도正道에 이르는 세 가지 척도를 발견하고, 정도中道의 척도는 이것뿐일까 하고 생각해 보았다. 마음을 편안하게 하여 더욱 생각의 깊이를 더해갔다. 생각에 잠기니 머리에 떠오르는 것이 있었다. 이상의 세 가지 이외에 '일(정업正業)', '생활(정명正命)', '조화(정정진正精進)', '의도(정념正念)', '일심(정정正定)'이라는 다섯 가지가 눈 앞에 떠올랐다.

이전까지의 고타마는 한 가지 문제를 풀어가는데 며칠 몇 개월씩 걸렸다. 하지만 그저께 밤부터는 사고思考의 초점이 바뀌어졌고 한 문제를 추궁하면 해답이 절로 샘물처럼 솟아나서 의문이 환하게 풀리는 것이었다. 지혜의 주머니가 자신의 육체 안 어딘가에 있어서 그 주머니에서 마구 쏟아져 나오는 것 같았다. 참으로 놀랍고 고맙기 그지없는 일이었다.

이어 '바른 일(정업正業)'에 대해서 생각해 보았다. '일'은 자신의 생활에 윤기를 더해주는 것이다. 건강한 몸으로 즐겁게 일할 수 있다는 것은 자연의 은혜요 사회의 협력의 덕택이다. 올바르게 일하기 위해서는 먼저 감사의 마음이 중요하다. 그리고 그 감사의 마음은 보은이라는 보시布施의 행위가 되어 결실하는 것이다. 지상의 조화는 이 '일'에 대한 인식의 차이에 따라 크게 달라지게 된다. 감사와 보은을 축으로 삼고 용기 노력, 지혜가 삼위일체로 작용할 때 이 지상은 보다 풍요로워질 것이다.

'올바른 생활(정명正命)'이란 인생의 목적과 의의를 알고 있는 생활이다. 인간의 생활은 대자연이 조화되어 있듯이 조화돼 있어야 한다. 서로 돕고 보충하며 웃음이 넘치는 생활이어야 할 것이다. 그러기 위해서는 먼저 자기자신의 조화부터 이루어 나가야 한다. 자신의 장점을 키우고 단점을 수정해 나가야 한다. 자신의 인격이 원만해지면 주위도 원만해질 것이다. 자신을 성찰하는 엄한 태도가 없으면 올바른 생활도 기대할 수 없을 것이다.

'도道에 정진正進한다는 것(정정진正精進)'은 부모, 형제자매, 친구, 이웃 등과의 대인관계에 있어서의 인간의 태도를 말하는 것이다. 인간은 대자연과 인간과의 관계를 통해서 비로소 자기자신을 자각할 수 있게 된다. 대자연도 없고 자기 이외의 인간도 존재하지 않는 상황은 상상할 수도 없는 노릇이다. 따라서 자기 이외의 모든 존재는 자신을 인식하기 위한 재료이며 영혼을 향상시키기 위해서는 절대 필요불가결의 교재들이다. 부모, 형제, 친구, 이웃 등의 관계를 통해서 자신의 영혼을 올바르게 닦아나갈 수 있는 현상계는 바로 하늘이 인간에게 부여한 자비인 것이다. 도에의 정진精進은 인간의 특권이며 신의 자비이다. 동물에서는 볼 수 없는 위대한 요소를 지닌 것이 인간이기 때문이다.

고타마는 '정진精進'에 대해서 사색을 더듬어 가다가 깜짝 벽에 부닥쳤다. 그 벽이란 곧 카필라에 두고 온 처자妻子, 노부老父, 친척들이었다. 깨닫기 위해서 출가한 자신의 행위에 대한 의문이 고개를 쳐든 것이다. 자신이 지금 하고 있는 행위가 자신의 영혼을 닦는 도리에서 벗어나는 것처럼 생각되었다. 변명할 여지도 없이 자신은 지금 처자를 버리고 카필라 성을 도망쳐 나와 이렇게 혼자 선정삼매에 잠겨 있지 않은가. 정도正道의 한 가지인 '정진精進'에 비추어 보니 지금 자신의 행위가 올바른지 아닌지 얼른 판단이 서지 않았다.

고타마는 카필라의 생활, 출가의 동기, 현재의 자신 등에 대해서 이 기회에 깊이 반성해 보리라고 작정하였다. 정도中道의 척도를 안 이상 그 척도에 자기 자신의 상념과 행위가 부합되지 않는다면 사물을 알고 있으면서도 모르는 것과 마찬가지다.

그러나 이 문제는 뒤로 미루고 오늘 밤은 '정념正念'에 대해서 생각을 이어나가기로 하였다. 염념은 원願이다. 염원念願이 없는 인생, 염원念願이 없는 생활은 있을 수 없다.

인간은 오늘보다 내일을 더 생각하기 때문에 사는 보람을 느끼게 되며 내일이 없는 인생이란 바로 죽음을 의미한다. 오늘에 사는 자는 강자強者임에는 틀림없지만 인간은 죽는 순간까지도 희망을 걸고 생활하고 있다. 그 희망이 자기중심이 되면 대인 관계의 조화가 무너지고 자기 자신도 넘어진다. 염원念願도 조화라는 중도에 따른 것이어야 하며 '올바른 염念(정념正念)'은 무제한으로 커가는 욕심을 억제하여 만족할 줄 아는 염원念願, 인생의 목적을 자각한 염원念願이어야 한다.

여기서 염念과 기도에 대해서 생각해 보기로 한다.

염원도 기도도 다같이 에너지의 작용에서 생겨난다.

무엇을 생각할 수 있다는 것은 우리의 육체 안에 그러한 창조創造를 낳는 에너지의 작용이 있기 때문에 가능한 것이다. 수면 중에는 이러한 능력은 작용하지 않는다. 수면 중에는 이러한 능력은 작용하지 않는다. 수면은 에너지의 휴식이며 동시에 에너지의 보급을 위해서 차원이 다른 세계로 올라가는 시간이기 때문이다.

영혼을 부정하는 자도 있다. 그러나 영혼이 없는 인간은 한 사람도 없다. 영혼이란 개성을 지닌 의식을 말한다. 수면은 영혼과 육체의 분리이며 이 때문에 깊은 잠에 빠지면 코를 만져도 지진이 일어나도 모른다. 잠에서 깨어나 눈을 뜬다는 것은 영혼이 육체에 돌아온 것을 의미한다. 생각하는 행위는 육체가 하는 것이 아니라 영혼을 형성하고 있는 에너지의 작용이 하는 행위다.

염원도 기도도 개성을 지닌 영혼의 작용에 의해서 이루어진다. 염원은 인간의 목적의식目的意識을 나타낸 작용이다. 누구누구와 결혼하고 싶다, 출세하고 싶다, 사업을 확장하고 싶다, 노후의 생활을 편안하게 하고 싶다, 아이들을 훌륭하게 키우고 싶다는 등으로 말이다. 인간으로서 이와 같은 목적의식이 없는 자는 한 사람도 없다. 목적의식이 있으므로 문명과 문화가 발달되고 사회생활이 즐거워진다.

그런데 인간이 육체를 지니게 되면 육체에 따른 상념想念의 지배를 받게 된다. 자기 본위가 된다. 이것은 내 것이다, 남을 생각하면 내가 살 수 없다는 식이다. 인간끼리의 시비는 이러한 자기 중심의 상념想念, 즉 자기 중심의 목적의식을 가진 염원이 작용하기 때문에 일어난다.

인간의 목적은 조화에 있다. 조화란 서로 돕고 기쁨을 함께 하는 것이므로 인간의 목적의식도 이 조화에 초점을 맞추어야 한다.

'올바른 염念(정념正念)'은 이러한 조화라는 척도를 통해서 이루어지는 것이며 따라서 정념正念의 차원은 굉장히 높은 것이 된다. 직업에 대해서 살펴보자. 직업은 사회, 종업원, 가정에 대해서 그 생활을 보장해 주고 윤기를 더 해주는 것이다. 직업에 충실하다는 것은 정념正念의 태도에도 부합된다. 이것은 주의, 주장, 사회제도와는 상관없는 일이다. 사회주의이든 직업에 충실하게 땀 흘리는 태도는 그러한 제도와는 원래 무관한 것이기 때문이다. 문제는 그로 인해 생겨난 이익과 수입을 어떻게 쓰는가에 따라 각자 염원의 모양이 달라지는 데 있다. 즉 자기 개인의 욕심을 채우기 위한 것인가 아니면 그 이익을 가정, 종업원, 사회에 환원시키기 위한 것인가 말이다.

만족할 줄 아는 염원의 태도는 정념正念을 살리는 한 가지 척도로써 매우 중요한 것이다. 왜냐하면 인간은 자칫 자기 중심으로 흐르기 쉽기 때문이다. 올바른 염念의 본질, 정념正念을 살리는 길은 이러한 만족할 줄 아는 생활태도를 토대로 해서 승화해가는 것이다.

다음으로 기도에 대해서 살펴보면, 기도는 감사의 마음을 표현하고 그 감사의 마음으로 생활을 영위해 가는 사념思念을 말한다.

인간은 한 치 앞을 내다보지 못하는 암흑 속에서 살고 있다. 내일의 일을 모른다. 언제 재난이 덮치고 언제 기쁜 일이 쏟아질지 모른다. 이웃집이 지금 어떠한 생활을 하고 있는지도 모른다. 이러한 가운데에서 건강하고 밝고 즐거운 생활을 누릴 수 있는 것에 대해서 감사하는 마음이 진심으로 우러나올 때 우리는 기도하지 않고서는 못 배기게 된다. 이 감사하는 마음이 기도의 참모습인데 세상 사람들은 기도를 소원으로 알고 있다. 신전이나 사찰에 가서 이렇게 해주시오, 저렇게 되게 해주시오 하면서 합장하고 있다. 그것은 구걸하는 짓이지 기도의 자세가 아니다.

올바른 생활 행위 즉, 조화를 위해서 노력하고 있을 때에는 그 소원과 기도는 대개 달성된다. 올바른 기도는 차원이 다른 저 세상의 천사의 마음을 움직여 그 소원을 달성시키기 때문이다.

이런 의미에서 기도는 천사와의 대화라고 볼 수 있다. 기적은 이러한 기도에서 일어나는 것이다.

인간생활에 있어서 기도가 없는 생활은 생각할 수 없으며 어떠한 독재자도 인간이 기도하는 사념을 억누르지 못한다. 다만 일반적인 기도는 아욕我慾의 수단으로 쓰여, 빌면 떡이 생긴다는 식으로 무엇이든지 소원성취되는 것으로 알고 있다. 염불을 외면 공덕이 있고 기도하면 구원받는다고 생각하고 있다. 천부당만부당한 일이다.

이렇게 살펴보니 '염원'은 목적의식이요 창조활동의 원천源泉인데 비해서 '기도'는 생명에 대한 감사와 보은의 마음이요 나아가서는 신과의 대화라고 할 수 있다.

그리고 이 둘은 다 같이 에너지라는 힘의 파동에 의해서 이루어진다는 사실은 공통적이다.

끝으로 '바른 집중(정정正定)'에 대해서 고타마는 생각하였다. '바른 집중'의 근본은 반성일 것이다. 반성은 광명 세계에 이르는 사다리다. 시기, 질투, 노여움, 비난, 험담 등의 마음을 버리고 집착심에서 벗어나기 위해서는 반성하는 길밖에 없다.

반성을 거듭함으로써 마음과 육체의 조화가 이루어지고 나아가서는 자신의 마음과 대우주의 마음과의 합일合一이 이루어진다.

반성을 하지 않고 마음을 비우면 마귀, 귀신, 아수라阿修羅, 용, 뱀 등에 지배되어 자신의 마음을 빼앗기게 된다.

'바른 집중(정정正定)'은 바로 반성이라는 지관止觀(그치고 봄)의 행위인 것이다.

고타마는 지나간 36년간의 과거를 이상의 **여덟 가지 규범**에 비추어 훑어보리라고 마음먹었다.

말하자면 **팔정도**八正道라는 불법에 비추어 자신의 인생을 반성해 보기로 작정했던 것이다.

산새들의 지저귀는 소리가 들려왔다.

**팔정도**八正道란 중도中道의 규범을 생각하고 있는 동안에 어느새 날이 밝았다.

짐승이 다가오는 기미를 느꼈다. 한 마리의 새끼사슴이 까만 코를 고타마의 귓가에 대고 콧김을 뿜었다.

이따금 그 부드러운 코끝이 고타마의 귓불을 건드렸다.

감미롭고 따뜻한 콧김이 간지러웠다.

고타마는 그대로 가만히 내버려 두었다.

이번에는 작은 산새 한 마리가 내려와 고타마의 어깨 위에 앉았다. 다시 머리 위로 올라가 조잘대다가 이내 날아가기도 했다.

짐승들의 악의 없는 행동은 고타마의 마음을 부드럽게 어루만지며 하룻밤의 피로를 풀어 주었다.

고타마의 사색은 낮보다는 밤중에, 그것도 사람들이 다 잠든 한밤중에 하는 일이 많았다.

지금 시간으로 말하면 새벽 한 시에서 세 시 사이였다.

사람도 짐승도 산천초목도 낮 동안의 피로를 풀며 코를 골고 있을 시간이다.

이 시간이야말로 대기도 잠잠해지고 땅과 별이 서로 말을 주고받는 대화 시간인지 모르겠다.

사색에 잠기면 자신의 지식이나 경험 밖에서 해답이 흘러나와 절로 정리되어 갔다.

잠념도 일어나지 않았다.

그저께 밤부터 참선과 사색의 시간을 이 시간대에 집중시킴으로써 고타마는 마음 속에 숨은 마魔를 몰아내고 이틀만에 '여덟가지 올바른 길(팔정도八正道)'을 밝혀낼 수 있었다.

지금까지 품어왔던 의문덩어리가 차례차례 풀려나가게 되니 밤의 사색이 즐겁기 그지없었으며 오래도록 갈구해 온 반야智慧[1]에 도달하는 것도 시간 문제라는 생각이 들었다.

.......................................................................

1) **반야**: 산스크리트어 प्रज्ञा(프락냐,프라즈냐,프라기야), 팔리어로는 '빤냐'. 일반적인 지식과는 구별되는 초월적인 지식·통찰의 지혜

## § 벗긴 마음의 구름

사흘째 밤을 맞이하였다.

고타마는 자신의 출생부터 현재까지의 상념과 행위에 대해서 샅샅이 훑어보기로 하였다.

참선의 자세를 가다듬고 눈을 감았다. 그러나 마음의 속눈은 똑똑하게 뜬 채 명경지수의 상태에 들어갔다.

이따금 산짐승의 울부짖는 소리가 들려왔지만 고타마의 마음은 조금도 흔들리지 않았다.

이름 모를 벌레 소리도 들려왔다. 하지만 밀림지대가 아니어서 밤은 퍽이나 조용한 편이었다. 참선하고 사색하기엔 안성맞춤이었으며 마음이 절로 안정되는 곳이었다.

우선 출생에 대해서 생각해 보았다.

인간의 출생은 결코 우연이 아니다.

4차원의 의식의 세계, 고타마의 마음 속에 비쳐 보였던 그 빛의 실재계에서 부모와의 약속에 의해서 이루어지는 것이다.

그 부모는 누가 결정하는가 하면 다름아닌 바로 자기 자신이다.

부모가 되어 줄 사람과 의논해서 승낙을 받은 후에 맺어지는 인연에 의한다.

지상에서의 현실생활에 있어서도 아무나 붙들고 돈을 달라고 손을 내밀거나 허물없이 말을 건네지는 못한다. 서로 사귀고 뜻이 통한 다음에야 정도 들고 상부상조의 관계가 이루어진다.

　부모 자식의 관계도 이와 비슷하여 수행하기에 가장 어울리는 인연을 찾아 서로 저승에서 미리 약속하여 성립되는 것이다.

　그러나 육체를 지니게 되면 육체의 오관인 눈·귀·코·혀·몸의 표면 의식에 사로잡혀 그만 저승에서의 약속은 잠재의식 속에 잠겨버리고 암중모색暗中摸索의 삶이 되어 갈피를 못 잡게 된다.

　동시에 마음 속에 내재하는 자아自我는, 그 자아自我의 발상지發祥地나 과거세過去世와 연결되어 있어서, 그것이 카르마業가 되어 저마다의 성격과 개성을 형성하게 된다.

　따라서 똑같은 육체 오관의 영향을 받으면서도 사람에 따라 그 느낌과 받아들임이 서로 다르게 되는 소이가 바로 여기에 있다.

　그래서 같은 핏줄이면서 부모의 마음, 자식의 마음을 서로 모르는 경우가 많다. 아니, 자식이 성장하면 대개의 경우 자식은 부모로부터 오히려 멀어져가고 있다. 가장 가까워야 할 부모 자식간의 사이가 마음의 세계에서는 가장 먼 거리를 두고 생활하고 있다.

　이것은 육체와 영혼은 본래 별개의 것이라는 사실을 단적으로 보여주는 것이다. 부모·자식간의 싸움, 형제가 서로 등을 돌리는 경우가 이따금 일어나는 것은 영혼의 고향, 전생윤회의 편력이 서로 다르기 때문이다.

　고타마는 지난날 카필라 성의 생활을 하나씩 되살펴 보았다.

　어릴 때는 양육계養育係의 시녀들이 모든 시중을 들어 주었다. 카필라의 성주城主로서 장래가 약속되어 있는 몸이었으므로, 성 안의 크샤트리아를 비롯하여 성 밖의 베이샤와 수드라들은 고타마를 특별한 눈으로 지켜보고 있었다.

부왕 숫도다나는 나이 50줄에 얻은 적자嫡子 고타마를 끔찍이도 귀여워했다. 손수 만든 공원과 별궁에 자주 데려다 주었다. 원하는 것은 다 들어 주었으며 티끌만큼의 부족함이 없는 생활은 응석을 키우는 온상이기도 했다.

물론 성 밖의 아이들과 놀 기회는 없었다. 노는 상대라곤 성 안의 궁녀들과 몇몇 제한된 크샤트리아 뿐이었다.

성 밖으로 나갈 때에는 찬다카가 말이나 코끼리에 태워 주었다. 엔간히 무리한 떼를 써도 '네, 네' 하면서 굽실거렸다. 지금은 그 찬다카는 늙어 마굿간지기가 되어 있다.

고타마가 여섯살 때의 일이다. 교육담당의 여관女官으로부터 들어서는 안 될 소리를 듣고 말았다.

"싯다르타님, 왕비님께 너무 괴로움을 드리고 있습니다. 응석도 이젠 그만 부리시고 좀 얌전하게 처신하세요."

한번 떼를 쓰면 물러서지 않는 고타마 싯다르타를 그 여관은 얼굴을 붉히며 꾸짖었다.

"무슨 말을 하는가. 나는 왕자다. 너는 나의 수드라다."

"싯다르타님, 무슨 말씀이세요? 왕자님의 어머님께서는 산후 7일 만에 돌아가셨습니다. 지금의 어머님은 생모生母가 아니십니다."

여섯 살의 고타마는 흥분한 여관의 말을 듣고 순간 멈칫했으나 그 땐 마음에 새겨두지 않았다. 하지만 그 후 혼자 있을 때 문득,

  '참으로 그럴까.
  정말 진짜 어머니가 아니라면 아버님께 한 번 물어볼까….'

 하는 생각이 들었다. 그러나 자애에 넘치는 지금 어머니의 미소짓는 얼굴을 떠올려 보고는 그럴 리는 없다고 어린 마음에도 고개를 가로저어 버렸다.

 그러던 수일이 지난 어느 날이었다. 부왕과 마셀 대신이 옆방에서 이런 말을 하고 있었다.

  "싯다르타님도 임금님을 닮아서 장래가 든든합니다.
  어머님이 안 계셔도 지금부터의 성장이 큰 기쁨이옵니다."

  "고맙구나. 프라자파티를 생모로 알고 있을 테지. 프라자파티가 생모 이상으로 잘 해주고 있으니 나도 안심이다."

  "참으로 그렇습니다. 프라자파티님의 자애로운 보살핌 속에 싯다르타님은 티없이 무럭무럭 크고 있으니까요…"

  "언젠가 청년이 되면 알 날이 있겠지. 그 때까지는 이대로 커가는 모습을 지켜보고 있는 것이 좋겠지…"

부왕의 말을 듣고 고타마는 아연실색했다. 어린 마음에 불안의 그

림자가 드리워지고 몸에서 힘이 쭉 빠지면서 눈앞이 캄캄해졌다.

　"여관의 말이 역시 참말이었구나…."

고타마는 이 때 비로소 자신을 의식하였으며 가만히 있을 수 없었다.

　"아버님, 진짜 어머님은 어디 있어요…?"

　방문을 열고 뛰어들어가자마자 부왕의 무릎에 매달려 고타마는 울부짖었다. 부왕은 놀랐지만 금방 정신을 차려 고타마의 머리를 쓰다듬으며,

　"너의 어머니는 지금 있지 않은가…"

고 달랬다.

　"거짓말이야. 지금의 어머님은 진짜가 아니라고 하셨잖아
　요? 진짜 어머님은 어디 있어요?"

　"싯다르타, 너는 그런 생각을 해서는 안 된다.  지금의 어머
　니가 너의 어머니란다. 자 눈물을 닦고 기운을 내요."

　부왕은 위엄 있게 타이르면서 고타마의 두 눈을 가만히 들여다보았다.

　"아니야, 그렇지 않아. 아리테다도 어머님은 돌아가셨다고
　했어. 사실을 가르쳐줘요, 부탁입니다. 아버님 부탁이어요."

　고타마는 눈물을 훔칠 생각도 않고 매달려 졸라댔다. 왕의 곁에서 이 광경을 보고 있던 마셀 대신은,

　　"이것 큰일 났구나."

하고 어찌할 바를 몰랐다. 이윽고 숫도다나왕은,

　　"너의 어머니는 별의 세계에 살고 있단다.
　　그리고 그 별의 세계에서 날마다 너를 지켜보고 있단다.
　　너를 낳자마자 일주일 만에 별나라로 가버렸단다.
　　그로부터 벌써 6년이란 세월이 흘렀지만 지금의 어머니는
　　너의 생모와 조금도 다름없이 너를 사랑하며 키워왔다.
　　앞으로도 그럴 것이다.
　　그러니 너는 그 일로 울어서는 안 된다.
　　너는 적어도 왕자가 아닌가."

하고 고타마를 무릎 위에 끌어안고 머리에서 발끝까지 쓰다듬었다.

　　"아버님은 진짜 아버님인가요."

　　"그렇지, 그렇고 말고. 너는 틀림없는 아버지의 왕자란다."

　왕은 고타마의 눈을 들여다보고 빙긋이 웃었다.

　조금 전까지 왕의 곁에 서 있던 마셀의 모습이 보이지 않았다. 대신은 부왕의 난처한 입장과 고타마의 가련한 모습을 바라볼 수가 없어서 가만히 방을 빠져나가버린 것이다.

고타마가 프라자파티에 대하는 태도는 이날부터 싹 달라졌다. 어머님에 대한 어리광도 응석도 없어졌으며 아주 남처럼 돼 버렸다.

그래서 고타마의 인생의 일대전환은 이 때부터 싹트기 시작했다. 즉, 인간의 죽음에 대한 의문, 의모의 존재, 부왕과 의모와의 관계 등이 어린 고타마의 마음에 파고들어 커다랗게 자리를 점령해 버렸다.

한편 고타마를 둘러싼 주위의 사람들은 생모가 없다는 이유로 고타마를 더욱 소중하게 모셨다.

이것이 고타마의 반항적인 자아를 조장시키는 결과를 낳았다.

'무엇이든지 하고 싶은 대로 된다.'

라는 자아自我의 마음, 오만한 마음이 이런 환경에서 자라고 있었다. 지금 혼자 참선을 하고 반성을 해보니 마음의 비뚤어짐, 잘못인 줄 알면서도 우겨온 자신의 고집도 그 출발점이 여기에 있었다는 것을 알았다. 그 때가 그립기도 하고 철없이 가엾기도 하였다.

그 후 고타마는 부왕을 괴롭히고 주위 사람들을 골탕 먹이는 일이 많아졌다. 친절하기만 했던 프라자파티까지도 버르장 머리없는 고타마를 꾸짖었다. 고타마는 하루 이틀 아무 것도 먹지 않고 지하실에 틀어박혀 나오지 않았다.

'왜 어머님은 돌아가셨을까?'

그런 생각에 잠길 때 일어나는 도피 행각이었다. 사촌 형인 나미가 참새를 잡아오면 그 새를 놓아주라고 울면서 대들기도 하였다.

　불쌍한 일을 남의 일처럼 보아넘기지 못하는 동정심이 그런 때를 쓰게 했다고는 보아지지만, 그렇다고 그것을 상대에게 강요하는 것은 역시 자아의 주장과 조금도 다를 바 없다.

　계모에 대한 쌀쌀한 태도나 눈치 살핌도 역시 자아였다.

　고타마는 이렇게 반성하고 나니 계모에 대해서 미안한 생각이 들었다. 가령 자기가 계모의 입장이라면 어떻게 했겠는가.

　'이 배은망덕한 철없는 것이'하고 팽개쳤을지도 모를 일이었다.

　육체를 부여해 준 생모 마야와 마찬가지로 키워준 계모에 대해서도 감사하지 않고서는 안 될 일이었다.

　거만, 응석의 성격은 여러 갈래로 가지를 뻗고 있었다.

　바라문학의 공부에 있어서도 다른 아이에게 지기 싫어했으며 무술의 연마에는 남의 곱으로 힘을 쏟았다.

　숫도다나왕의 생일에는 여러 가지 축하행사가 성내에서 벌어졌다. 검술劍術과 궁술弓術의 경기에는 몸은 비록 작았으나 평소의 단련이 힘이 되어 거의 상대에게 지는 일이 없었다.

　하지만 씨름에 있어서는 사정이 달랐다. 어른의 시합에 앞서 아이들의 씨름부터 시작된다. 몸이 작기 때문에 몸집이 큰 아이에겐 도저히 이길 수가 없었다. 그런데 이 날의 시합에서는 상대가 양보하여 일부러 져 주는 것이었다. 그러니 무슨 시합에 나가도 반드시 이기게 마련이었다. 거만한 마음은 이렇게 해서 자란 것이었다.

　그러나 무술에 있어서는 기氣·검劍·체體의 호흡을 터득하여 이 분야만은 진짜로 강했다. 전란戰亂의 시대적 배경을 업고 무술에 정진한 결과 15~16세에는 이미 카필라 성내에서는 1~2위를 다투는 실력자가 되었다.

또한 무술의 극의極意는 모든 문제에 응용할 수 있는 정도正道와도 상통하여 출가 6년간의 고행을 이겨낸 큰 원동력이 되어 준 것도 부인할 수 없는 사실이다.

무술의 달인이 당시에도 상당히 있었지만 그 중에서도 굿샨 데브데는 발군의 실력자였다. 고타마는 그로부터 기氣·검劍·체體의 호흡을 익혔던 것이다.

## §반성

고타마의 마음을 불안하게 하는 일이 마침내 벌어졌다.

계모가 난다를 낳았으며 그 난다에게 부왕의 뒤를 잇게 한다는 말을 여관의 입을 통해서 들었기 때문이다.

'내가 성에 있는 한 부왕의 입장을 난처하게 하며, 계모에게
여분의 신경을 쓰게 한다.
출가出家를 하면 모든 일이 원만하게 해결된다.'

라는 생각이 들어 고타마의 출가의 동기가 싹트기 시작했다.

물론 출가의 동기는 이것만이 아니었다.

이미 밝힌 바 있거니와 이웃나라의 침략, 빈부의 차이, 카스트 제도의 모순, 고타마를 에워싼 여성끼리의 상극, 이런 것들에 얽혀 인생에 대한 무상을 느꼈기 때문이었다.

하지만 출가하겠다는 직접적인 발심發心은 역시 왕위계승 문제에 있었으며 거기에 얼굴조차 기억 못하는 생모 마야에 대한 애집愛執이었다고 해도 과언이 아니다.

날이 갈수록 출가에 대한 마음이 간절해졌다.

바라문교의 베다도 열심히 공부하였다. 외래의 수행자가 카필라 성에 들릴 때는 그의 말에 열심히 귀기울였다.

성 안에서 계모와 서로 얼굴이 마주칠 때가 있으면 어쩔 수 없이 형식상의 예의는 갖추었지만 될 수 있는 대로 피했다.

고타마의 마음은 언제나 불안정하고 초조하였으며 베다에도 열중해 보았지만 조금도 안심의 경지를 얻을 수 없었다.

어릴 때의 천진난만하던 성격은 차츰 내향적이 되어 쉬 가까이할 수 없는 어두운 분위기를 자아내고 있었다.

부왕의 눈이 이것을 놓칠 리가 없었다. 고타마가 열아홉 살이 되자 계모의 오빠이며 데바다바의 성주인 스크라부다의 장녀 야쇼다라를 정처正妻로 맞아들이게 했다. 이렇게 하면 고타마는 출가를 단념하고 성에 머물 것이라고 기대했던 것이다. 하지만 이것도 이미 이야기한 바와 같이 결국 그의 출가를 막지는 못했다.

그러나 고타마에게 이것이 큰 부담을 주었던 것만은 사실이다.

부왕의 기분이나 성城의 정치적 관계 등을 살펴볼 때 고타마의 마음은 언제나 그 자유가 옥죄어 드는 것만 같았다. 그 불만의 배출구를 엉뚱한 데서 구하게 되었다. 일시적 도피를 위해서 육체적 향락에 젖기도 했다. 몇 사람의 여인들이 고타마의 총애를 받았다. 걸어서는 안 될 길인 줄 알면서도 그렇게 하지 않고서는 못 견딜 지경이었다. 아내를 맞아들인 뒤로는 오히려 육체적 번뇌가 더 쌓여 자포자기가 되다시피 하는 자신을 어쩔 수 없었다.

잠자리에서 여인들의 고집스러운 정욕의 소리를 들으면 자신의 행위에 환멸과 노여움마저 느꼈다. 하지만 시간이 흐르니 그것도 잊어버리고 열락에 잠겼다. 여인들은 자유로웠다. 즐겁게 봉사해 주었다. 방종한 생각이 출가하겠다는 자신의 결심을 밀어내고 한때는 슬그머니 그 면적을 넓혀 가던 적도 있었다.

고타마는 지난날을 되돌아보고 자신이 걸어온 그 상념과 행위는 자기보존 이외에 아무 것도 아니라는 것을 알았다.

그리고 그 편력들을 중도中道의 조명으로 비추어 보니 도처에 암운이 감돌 뿐 정법을 좇은 행위가 전무했음에 아연하지 않을 수 없었다.

아버님과 계모에 대한 태도, 부하와의 경쟁의식, 동물애호에 있어서도 거의가 독선적이었거나 자기 주장의 일방적 통행에 지나지 않았다.

6년간의 산중 수행에서도 하루빨리 견성見性, 대오大悟하겠다는 자신의 욕망이 앞서서 외견에만 사로잡힌 어쩌면 전시효과적 수행이었다고 해도 과언이 아니다.

깨달음에 이르는 가장 중요한 과정은 마음의 내면에 대한 반성이다.

대자연의 섭리에 비추어 보고 사물을 보는 법, 사고방식, 이해하는 방법, 그리고 거기 따른 행동이 과연 옳았던가를 깊이 반성하는 것이 결정적 열쇠가 된다.

그래서 옳지 않은 면이 드러나면 두 번 다시 같은 잘못을 되풀이하지 말아야 한다.

고타마는 과거를 돌아보고 반성함으로써 마음의 구름을 차례차례 하나씩 걷어 냈다.

여기서 고타마는 출가 그 자체에 대해서 옳았던가 아니었던가를 생각해 보았다. 부왕의 희망을 저버리고 출가할 때 태어난 아들 라훌라가 망각의 어두운 막을 걷어 제치고 불쑥 나타났다.

　팔정도八正道의 '정정진正精進'은 부부, 부자, 형제관계 등의 조화에 있었다.

　현재의 고타마 자신은 가정을 버린 독신 생활이다.

　가정의 조화에 있어서는 전적으로 무자격자이며, 그 무자격의 길을 택한 것은 다름아닌 자신이었다.

　야쇼다라의 비통해 하는 얼굴이 눈에 떠올랐다. 라훌라는 아비 없는 아들로서의 고생이 이만저만이 아니겠다. 그러나 자신의 출가는 야쇼다라와 라훌라를 제외한 다른 사람들에게는 결코 손실이 되는 일이 아니었다.

　부왕은 의모와의 사이에 태어난 아들 난다를 아직 후계자로 지목하고 있지는 않았지만 난다의 성장과 더불어 그렇게 하지 않을 수 없는 입장에 직면하고 있었다. 의모 프라자파티의 발언권發言權은 해를 거듭할수록 강해졌기 때문이다. 당연하게 고타마의 존재는 카필라의 전도에 분쟁을 불러 일으키는 불씨가 될 수밖에 없을 것이었다.

　고타마의 출가는 부왕과 의모의 입장에서 보면 어떤 의미에서는 퍽 다행스러운 일이었다. 왕위계승이란 고민의 씨가 제거되었기 때문이다. 만일 고타마가 그대로 카필라에 남아 왕자로서의 책임을 수행하였다면 언젠가는 프라자파티와의 충돌은 불가피했을 것이다. 난다의 출생은 프라자파티의 위상을 강력하게 부상시켰으며 육체적으로 늙어가는 부왕의 발언권은 상대적으로 쇠약해졌다.

　문제는 야쇼다라와 라훌라였다. 독신이면 문제가 될 리 없다.

문제는 처자妻子를 버리고 출가했다는 점이다. 이유 여하를 막론하고 거기에는 변명의 여지가 없었다. 출가에 따른 자신의 고통보다도 지아비 없는 처자의 슬픔은 몇 곱절 더 컸으리라.

그러나 고타마는 라훌라의 출생을 두고 얼마나 고민했는지 모른다. 그 이름을 장애물障碍物이라고 한 것도 그 표현의 하나다. 불안과 위선이 뒤섞인 카필라의 생활과, 생로병사의 해결을 위한 출가, 이 두 갈래 길을 놓고 고민했을 때 라훌라와 야쇼다라의 문제는 일단 뒷전으로 밀려나 버린 것도 사실이었다.

아내와 자식은 언젠가는 다시 자신의 품 안으로 데려올 수 있는 것이 아닌가. 한동안은 여러 가지로 고초가 많겠지만 언젠가 깨달음을 얻고 영원한 구제를 받았을 때의 기쁨과 안심을 생각하면, 그 정도의 희생은 어쩔 수 없는 일이라고 생각했다.

소小를 버리고 대大를 취한 고타마의 출가는 이렇게 해서 결행된 것이었다.

'정진精進'이란, 사람과 사람끼리의 조화를 다져나가는 것을 의미하는데 그러기 위해서는 우선 자기자신과 가정 나아가 사회로 그 무대를 넓혀가는 것이다.

그런데 가정을 버리고서는 조화의 근본을 잃게 된다.

그런 의미에서 현재의 입장에서는 남에게 설법할 자격도 없지만 때가 오면 처자를 맞아들이고, 부조화했던 집착을 정도正道로 수정한다면 그 동안의 공백을 메꾸고도 남음이 있으리라.

고타마는 '정진精進'과 출가에 대해서 이와 같이 반성했다. 그리고 뉘우침은 없다고 단정하였다.

밤은 더욱 깊어갔다. 모닥불도 사그라지고 있었다.

급히 마른 삭정이를 지펴 입으로 대나무 통을 부니 재灰가 사방에 흩어지고 불길은 이내 힐끗힐끗 다시 피어났다.

보리수의 나뭇잎이 환하게 밝아졌다.

36년간의 과거를 되돌아보고 그 상념想念과 행위에 대해서 한 가지씩 흑백을 가린다는 것은 대단한 일이었다.

흑백을 가리기 위해서는 중도中道의 척도로써 제 3자의 입장에서 자신을 바라보지 않으면 안 된다.

자신에게 편들면 아무 것도 얻을 수 없다. 그래서는 반성이 되지 않는다. 그만큼 반성이라는 것이 엄정하면 엄정할수록 어리석은 자신이 더욱 드러났다. 남에게 말할 수도 없다.

반성으로 잘못이 인정되었다 해서 그 사실이 없어지는 것은 아니다.

문제는 그 잘못을 다시는 되풀이하지 않도록 바로잡아 가는 길밖에 없다는 것이다.

한편 반성으로 밝혀 낸 과거의 선악에 너무 집착하고 매달리는 것도 자신의 마음을 구속하는 짓이 된다.

원래 무변광대한 마음의 자유성自由性이 속박을 받게 된다.

특히 악의 행위에 대해서 '잘못이었다...'라고 인정하는 것까지는 좋은 일이나 거기 사로잡히면 어두운 상념을 짓게 된다.

이런 경우에도 중도中道의 마음이 중요하다.

모든 경험은 영혼 수행의 한 과정이기 때문이다.

반성의 공덕은 반성 후의 중도中道의 실천에 달려 있다.

반성의 공덕은 우선 심신의 조화라는 결과로 나타난다.

고타마는 36년간의 과거를 반성하고 비로소 깨닫는다.

그리고 그 깨달음을 실천에 옮김으로써 깨달음의 폭과 내용을 더욱 충실한 것으로 키워가게 된다.

모닥불의 활활 타오르는 불길은 그대로 고타마의 넓고 밝은 마음을 상징하는 것이었다.

붉게 타오르는 화염은 마치 생명을 상징하는 손길처럼 고타마의 몸과 마음을 따뜻하게 어루만졌다.

## §몽환의 세계

깨달음의 올바른 법칙을 찾아내기란 참으로 어려운 일이다.

우파니샤드, 베다 안에서 이것을 찾아낼 수는 없다. 바라문이 생활의 수단으로 타락해 버렸기 때문이다.

정법도 생활 속에 동화해 버리면 학자, 사로몬, 사마나 등의 지知가 가미되어 일반 중생이 알아들을 수 없는 것이 되고 만다.

고타마는 세 살 때부터 바라문의 베다와 우파니샤드를 배웠다. 그 학문은 그런대로 체계는 서 있었다.

그러나 그 체계는 어디까지나 지식이었지 살아 있는 생활과는 거리가 먼 것이었다.

더욱 납득할 수 없는 것은 가르치는 선생의 사생활이었다. 말은 그럴 듯하지만 행동은 달랐다.

실생활을 떠난 구원이란 있을 수 없는 일이다.

제단祭壇을 만들고 브라흐만이나 인드라를 모신다.

기도야말로 인간이 구원받을 수 있는 유일한 길이라고 여기고 있다. 그리고 사제司祭를 통해야만 신의 구원을 받을 수 있다고 인식하고 있다.

그래서 육체 고행과 유행遊行에 몰두하고 있는 바라문들은 마음속에 집을 짓고 있는 온갖 업業과 실생활에 나타나는 인연과 인과因果에 대해서는 무지하고 무관심하였다.

아바로키티슈바라觀自在菩薩(관자재보살)<sup>1)</sup>의 경지에 이르기 위해서는 마음과 실천의 길 밖에 없다는 것을 고타마는 이미 깨닫고 있었다. 여러 가지 집착심이 고통과 마를 불러들이고 있음을 알았으며 모든 생활 행위를 중도中道로써 바로잡고 있었다.

신불神佛의 빛을 바란다면 우선 마음의 구름을 벗겨야 한다

반성의 첫째 밤에 파피아스 마라惡魔가 미녀로 둔갑해 보인 것도 따져보면 고타마의 마음 한 구석에 아직도 정욕의 파문이 일렁이고 있었기 때문이다.

오늘날 참선은 여러 가지 형식을 취하고 있다.

결가부좌結跏趺坐, 반가부좌半跏趺坐, 혹은 꼬리뼈에 방석을 고이는 방법 등 피로하지 않는 방법들이 등장하고 있는 것 같다.

하지만 참선의 근본은 무엇보다도 먼저 반성에 있다.

반성하기 위해서는 마음을 안정시키고 자신의 몸에 어울리는 편안한 자세를 취하는 것이 좋다.

이것이라고 단정지을 만한 형식이나 자세는 원래 필요 없다. 다리가 긴 사람, 짧은 사람, 몸이 살찐 사람, 마른 사람, 여러 모양인데 이것을 한 가지 틀 속에 맞추려는 짓은 아무래도 무리다. 다리가 마

---

1) **아바로키티슈바라**: 산스크리트어 अवलोकितेश्वर(아와로키테쉬와라), 아와로키타 는"관찰된, 살펴본" 쉬와라는 "소리", 즉 "소리를 살펴본다"라는 의미로, 쿠마라지바(구 마라집)은 "관세음보살觀世音菩薩"로 번역하였다.

5세기 이후, 인도 내에서 어근 쉬와라(소리)가 이쉬와라(주재자, 지배자)로 바뀌면서 그 의미가 달라지게 된다. "아와로키테쉬와라"는 "세계를 관찰하고 주재하는 자", 또는 "굽어살피는 주님"이라는 뜻을 가지게 된다.

이후 7세기에 현장법사가 '관자재보살觀自在菩薩'로 번역한 표현은, "아와로키테쉬와라"는 우주를 주재하는 신적 존재의 의미의 양상을 반영한 것이다.

비되어 저리기도 하고 숨이 가빠지기도 하여 참선 그 자체에 마음
을 빼앗기기 쉽다.

참선의 형식은 주로 요가에서 건너와서 오늘날의 선종에 이어진
것 같다.

고타마는 오랫동안 참선半跏趺坐을 가까이하고 있었으나 형식에는
전혀 구애받지 않고 있었다.

굳이 취한다면 반가부좌의 자세를 취했다.

그래서 하루 종일 앉아 있어도 아프지도 가렵지도 않았다.

참선 중에 개미나 벌레에 물리는 수가 더러 있었다.

이를테면 야외에서의 참선이기 때문에 이러한 독충毒蟲에 언제 물
릴지 몰랐다. 물리기만 하면 피부가 부어올랐고 자칫 잘못하면 목
숨까지 잃는 수도 있었다. 그래서 참선할 때에는 약초에서 짜낸 즙
액을 피부에 바르고 몸을 보호했다. 그런데 이 즙액이 아주 고약한
냄새를 풍겼다. 익숙해지지 않으면 기분이 역겹다.

낮에는 탁발과 목욕을 하였으므로 참선은 대개 야간에 한정되어
있었다.

독충毒蟲보다 무서운 것이 독사毒蛇였다. 독사毒蛇에 물려 희생된
수행자가 많았다. 고타마는 아직 그러한 변은 한 번도 당하지 않았
다. 그러나 조심은 게을리하지 않고 있었다. 큰 지렁이에서 뽑은 액
체를 대나무 통 속에 늘 보관해 두고 있었다. 만일 독사毒蛇에 물렸
을 경우에는 그 독이 속으로 퍼지기 전에 물린 부위를 끈으로 묶고
상처를 지렁이 액체에 담가야 한다. 몇 분 지나면 독은 분해되고 목

숨을 건질 수 있다.

독사는 주로 사암이 많은 바위산에 서식하는데 우루벨라의 수도장은 바위도 없고 땅도 비교적 건조하여 잡초가 적었기 때문에 독사毒蛇에 대한 걱정은 거의 하지 않아도 되었다.

고타마는 다시 반성의 명상에 잠겼다.

20대의 상념과 행위에 대한 반성이었다.

이 연대에는 이웃 나라와의 싸움이 잦았다.

대군을 거느린 전면 전쟁이라기보다는 적정을 살피는 정찰적인 게릴라전이 많았으며 영토 문제의 시비 분쟁도 잦았다.

시비 분쟁이 먼 곳에서 벌어졌음에도 불구하고 카필라 성은 늘 긴장감에 쌓여 있었다.

무장한 크샤트리아가 성 안팎을 지키고 있었으며 언제라도 출동할 수 있는 전투 태세를 갖추고 있었다.

고타마는 자주 싸움터를 보러 갔다.

크샤트리아의 시체가 도처에 흩어져 있었으며 아군이건 적군이건 처참한 꼴이었다.

혈기 왕성한 젊은 장정들이 무참한 시체로 나둥그러져 있다.

목이 달아난 자, 팔이 없는 자, 가슴에 창이 꽂힌 채 서로 얽혀 숨이 끊어진 자 등, 처참하기 짝이 없는 광경이었다.

무장한 크샤트리아의 행군은 참으로 장관이었다.

보기에도 힘이 솟고 늠름하여 믿음직스럽다.

여자와 아이들은 군인들의 행군에 열광하여 무운과 승리의 만세를 불러댔다.

하지만 전쟁은 낭만은 아니다.

행군과 전쟁은 하늘고 땅의 차이만큼 달랐으며 싸움터에는 언제나 죽음의 그림자가 큰 입을 벌리고 있었다.

고타마는 카필라 성과 싸움터를 왕래하는 동안 전쟁의 모순과 어리석음을 뼈아프게 느끼고 있었다.

그렇다고 카필라 성의 식사당번이 스파이에게 독살당하거나 크샤트리아의 목이 잠자는 사이에 달아나는 사건들이 속출하고 있는 현실을 방관하고 있을 수만 없는 일이었다.

카필라 성내를 순찰할 때에는 무장한 병사들이 차렷 자세로 맞이해 주었으며 안내를 부탁하면 기꺼이 앞장섰다.

그들은 명령을 내리면 언제라도 싸움터로 달려 갔다.

죽음은 누구나 싫어하는 것이지만 병사들은 싸우기 위해서 존재하는 목숨이었다.

명령과 군법이 그들의 생활을 묶어놓고 있었다.

병사들의 인생은 죽기 위한 것인가 살기 위한 것인가.

긴장과 방일放逸 사이를 그들의 인생은 왕래하고 있는 것인가.

고타마는 병사들을 대할 때마다 인생의 어려움, 인생의 모순에 부닥쳐 마음이 어두워졌다.

　긴장의 연속 가운데서도 밤이 되면 곧잘 춤과 노래판이 벌어져 성이 들썩거렸다. 술판에는 여인들의 교성도 낭자했다. 이윽고 흥분과 정욕의 불길이 타올라 주정과 향락이 카필라의 밤을 물들였다. 물론 보초병은 금주였다. 근무가 끝날 때까지 그들에겐 자유가 없었다.

　고타마는 술을 못한 탓에 술꾼들의 기분을 몰랐다.

　비록 고뇌를 술로써 한동안은 달랠 수 있을지 모르나 깨고 나면 다시 긴장은 되살아나는 것이었다.

　술은 일시적인 도피처일까, 아니면 술맛의 즐거움 때문일까.

　전쟁과 쾌락이 교차하는 가운데 고타마의 20대는 출가의 문제가 심각한 고민거리로 대두되던 시기였다.

　사계절에 맞추어 춘관, 하관, 추관, 동관이라는 거처가 있었지만, 고타마의 마음의 평안은 거기에서도 찾을 수 없었다.

　마음의 평안은 아욕이나 도피에서는 얻을 수 없다.

　한편 폭력이나 권력으로 육체적인 제약은 가할 수 있어도 그 사람의 마음까지는 지배할 수 없다.

　마음과 마음의 접촉은 모든 허식을 버린 공감으로써만 가능하다.

　아욕과 번뇌의 와중에서 마음의 접촉과 평안을 구한다는 것은 쳇바퀴를 도는 다람쥐처럼 영원히 헛수고만 되풀이할 뿐이다.

　출가와 현실, 욕망과 회의, 전쟁과 평화, 이런 문제들이 고타마의 마음을 사로잡고 있었다.

고타마는 틈만 나면 고독을 즐겼다.

특별한 일이 없는 한 사람들 앞에 나서기를 피했으며 조용한 가운데 혼자 있는 시간이 많아졌다.

혼자 있으면 마음은 한없이 자유롭게 넓어져 가는 것만 같았다.

어느 날 오후 지하실에서 명상에 잠기고 있었다.

그러자 어느새 자신이 중생들 앞에서 설법을 하고 있었다.

청중들은 열심히 듣고 있다.

설법이 중간쯤 이르렀을 때 청중들의 마음 속이 손바닥처럼 환하게 들여다 보였다.

청중들이 무엇을 알고 싶어하며 무엇을 이해하였는가를 알았다.

그런가 하면 병든 노인에게 빛을 넣으니 그 노인은 금방 소생하여 인생의 즐거움을 되찾는다.

길을 걸어가니 하늘과 땅이 포개어지고 만물이 법륜 속에 어우러지며 그 법륜法輪 속을 자유자재로 유영하고 있는 자신의 모습이 거기 있었다.

이러한 상상은 일부러 원해서 일어나는 것이 아니라 출가에 대한 생각을 하기만 하면 어느새 자신은 현실의 담장을 넘어 몽환夢幻의 세계를 날고 있는 것이었다.

여태껏 잊어버리고 있었는데 반성을 하고 있으니 20대 전반에는 이러한 일이 자주 있었다는 것이 기억에 되살아났다.

꿈에는 두 가지가 있다.

　수면 중의 꿈과 상상의 꿈이 곧 그것이다.

　수면 중의 꿈은 적나라한 자신의 모습이 나타나는 것이고 상상의 꿈은 대개 자의적恣意的인 것이다.

　그러므로 상상의 꿈을 현실에 맞추려고 하면 이따금 문제가 발생하는 것 같다.

　고타마의 꿈은 이 두가지 중 그 어느 것도 아니었다.

　고타마가 명상 중에 본 꿈같은 영상은 머지않아 깨달음으로써 현실적으로 일어날 수 있는 자신의 필연적인 미래도였다.

　금생에서 이루어 놓지 않으면 안 될 그의 운명, 의무, 책임의 필름이었다.

　따라서 수면 중의 꿈이나 상상의 꿈과는 전혀 다른, 보다 적극적인 뜻이 담긴 꿈이었다.

　그러나 당시의 고타마로서는 이해할 수 없는 일이었다.

　명상 중에 가끔 그러한 꿈같은 영상이 보여도 '참 이상한 일도 다 있구나…'라고 생각했을 따름이었다.

　현실적 친근감도 있었지만 세월이 흐름에 따라 그 꿈같던 영상도 잊어버렸다.

　그러나 중도中道를 알고 팔정도를 밝힌 지금에 와서 보니 20대 전반의 그러한 신기한 꿈이 전혀 우연한 것이 아니라 '그렇게 되지 않으면 안 된다, 그렇게 되어야 한다.'하고 잠재의식에서 솟아오른 바로 자신의 사명이었음을 알 수 있었다.

반성의 사나흘이 지나갔다. 이 무렵이 되니 마음 속에 쌓였던 무거운 짐이 내려지고 몸도 마음도 글자 그대로 가벼워졌다.

마음의 짐이란 다름 아닌 집착執着이다. 생로병사生老病死의 집착執着에서 성큼성큼 해방되어 갔다.

이렇게 해야지, 저렇게도 해야지 하는 삶에 대한 집착執着, 노후와 질병에 대한 두려움, 죽음에 대한 어린이 같은 공포심은 나이와 함께 사람의 마음 속에 집을 짓게 마련이지만 그러한 집착執着의 짐을 반성을 통해서 벗어던지고나니 참으로 홀가분한 기분이 들었다.

마음은 둥글고 크게 확대되어 부동不動의 정기가 한없이 흘러들었다.

닷새째 밤을 맞이했다.

20대 후반은 부모의 의견을 전혀 듣지 않았던 시절이었다. 부모에겐 미안하기 그지없는 일이었지만 출가의 결심은 굳을대로 굳어 있었다.

이따금 부왕은 마셀 대신, 코스타니야, 삼촌인 수구로다나, 도로다나, 암리트다나 등과 의논했다. 어떻게 하면 고타마의 출가를 막을 수 있을까 하고⋯ 부왕의 마음 속에 그땐 이미 고인이 된 선인仙人 아시타의 예언이 크게 확대되어 되살아났다.

야쇼다라는 누구보다도 고타마의 의중을 잘 헤아렸음인지 그를 만류하는 것을 체념한 것 같았다. 야쇼다라는 데바다바 성주城主의 딸이었으며 프라자파티와는 고모, 질녀간의 사이였다. 고타마의 출가에 대해서 다른 측실처럼 감정적이 되는 일은 없었다. 하지만 마음 속으로는 그 누구보다도 출가를 포기해 줄 것을 갈망했었다.

여러 사람들의 마음을 아프게 한 점에 대해서는 아무리 사과해도 모자랄 지경이었다.

하지만 출가는 깨달음으로 이어지며 그 깨달음은 홀로 자신의 구제에 그치는 것이 아니라 장차 어른이 될 라훌라며 많은 사람에게 안심입명의 기쁨을 줄 수 있다는 확신에서 결행된 것이었다.

출가하기 몇 개월 전부터 수행장을 어디로 잡을까 암암리에 궁리했다. 마가다, 스바스테, 산치, 바라나시 등이 머리에 떠올랐었다.

종교에 대해서는 어지간히 배워서 알고 있는 터였으므로 남은 문제는 몸소 부딪쳐 체험해 보는 길뿐이었다.

그래서 이미 이야기한 바와 같이 찬다카를 위험합여 출성出城을 결행하였으며 출성出城 당시의 혼자서 처음 겪던 일들은 상상 이상으로 힘들었다. 몇 번인가 좌절할 뻔도 했었다.

지금 지난날의 사건들을 하나하나 되돌아보니 감회가 무량했다. 그리고 그 하나하나의 사건들을 드러내어 그 배경에 숨은 마음의 움직임을 정법에 비추어 흑백을 가려나갔다.

구도求道와 해탈解脫은 의문에서부터 출발한다.

의문이 없는 구도란 있을 수 없다.

의문은 탐구심을 불러일으키고 탐구심은 마침내 해답이라는 결론을 얻어 낼 수 있다.

보통은 중도中道라는 척도가 보이지 않기 때문에 구도求道의 방향을 잘못 잡기가 쉽다.

그러나 **팔정도**八正道라는 대자연의 척도가 발견된 이상 의문과 이해의 교량 역할은 용이하다.

하지만 그 **중도**中道의 척도를 사용해서 자기자신이 과연 얼마만큼 엄밀하게 그리고 공정하게 자신의 마음을 살펴볼 수 있는가 하는 것이 문제다.

다시 말하면 자신의 마음을 가지고 자신의 마음의 때를 얼마만큼 씻어 낼 수 있는가가 문제다.

마음에 그늘이 지면 생로병사生老病死의 집착은 끊을 수 없다.

해탈解脫이란 곧 집착執着에서 떠난 마음인 것이다.

## §마라와의 대결

닷새 동안에 걸친 고타마의 반성은 자기추궁의 반성이었다.

한 점의 느슨함도 용서하지 않는 그야말로 철저한 반성이었다.

그런 만큼 반성 전과 반성 후의 마음의 평안은 180도 달랐다.

평안과 동시에 부동심不動心이 절로 갖추어졌다.

고타마가 반성의 명상을 풀려고 하는 바로 그 때였다. 갑자기 난데 없는 바람이 불기 시작했다. 그렇게 조용하던 주위가 소란스러워졌 다. 보리수의 잎사귀들이 소리내어 흔들거렸고 대기가 짐승처럼 꿈 틀거리기 시작했다. 동시에 비릿하고 고약한 냄새가 코를 찔렀다.

어느 틈엔가 눈 앞에 브라흐만이 서 있지 않은가.

고타마를 가만히 보고 있었다. 눈과 눈이 서로 마주쳤다. 고타마는 눈 하나 깜짝하지 않고 응시했다.

"카필라의 왕자 고타마여,
그대는 집으로 돌아가라.
그대가 아무리 자비심을 가지고 깨달았다 한들 아욕의 덩어 리인 중생을 제도하지는 못할 것이다.
카필라 성에는 부왕과 처자와 많은 부하들이 기다리고 있지 않은가. 수행을 포기하면 전 세계의 임금이 되어 행복한 생 활을 누릴 수 있다.
그대는 지상생활을 하도록 신으로부터 허락받고 태어났음 을 잊었단 말인가.

고타마여,

　생명이 윤회하고 있다면 지금의 원인은 내세의 결과로 나타나는 것… 따라서 왕으로서 이 세상을 떠나면 내세에도 왕으로서의 그 지위를 약속받을 수 있지 않은가.

　지금과 같은 고행을 하고 있으면 내세에도 괴로운 수행이 기다리고 있을 뿐이다.

　그대의 생명은 이승 뿐이다.

　그대가 수행을 중지하면 나는 반드시 그대가 세계의 왕이 되도록 협력하겠다."

브라흐만은 기세 좋게 말을 늘어놓았다. 당당하고 위엄도 있었다.

고타마는 한동안 망설였다. 윤회輪廻라든가 고행, 아욕의 덩어리 등 그가 하는 말엔 하나하나 이치가 서 있었다. 베다나 요가수트라에 적힌 사실들을 아주 쉽게 술술 이야기하는 것을 보니 눈 앞에 선 이 분이 진짜 브라흐만일지 모르겠다는 생각이 들기도 했다.

그러나 이해할 수 없는 것은 고약한 냄새다. 짐승의 비린내를 느끼게 했다.

"당신은 누구십니까?"

고타마는 상대의 두 눈을 응시한 채 다그쳤다.

"나는 브라흐만이다."

큰 목소리가 되돌아왔다.

"당신은 지금 삶이 이 세상뿐이라고 말했는데..."

"응, 그렇다. 저 세상 따위는 없다. 나는 남이 볼 수 없는 것까지도 볼 수 있다. 인간은 즐겁게 살기 위해서 육체를 지니고 있는 것, 너는 그것을 모르고 있다."

"당신은 지금 이 세상뿐이라고 말했는데 그렇다면 당신은 어디서 오신 분인가요. 이 세상의 사람이라면 이 세상의 육체를 지니고 있어야 하지 않은가요?"

고타마는 상대방의 정체를 간파했다. 고약한 냄새와 논리의 모순, 그리고 또 한 가지는 상대를 위협하는 태도에서 브라흐만과는 아주 거리가 먼 악마 특유의 성력을 똑똑하게 읽을 수 있었다.

"너는 누구냐. 본성을 드러내어라."

브라흐만이라고 자칭하던 상대는 고타마의 날카로운 어조에 짓눌렸던지 으쓱대던 그 거만한 태도가 순식간에 공기 빠진 풍선처럼 오무라졌다.

"네가 깨달으면 우리들이 설 땅을 잃는다.
우리들 일족을 위해서도 카필라로 돌아가 다오.
그러면 반드시 협력하겠다."

애원에 가까운 목소리였다.

"파피아스 마라여, 나는 이제 왕같은 지위는 필요없다.
나는 모든 집착에서 벗어났다. 그보다 너도 한때는 이 세상
에 육체를 지니고 태어난 적이 있지 않은가. 어두운 세계의
왕이라고 한들 마음의 평안 따위가 있을 리 없다. 부하들이
언제 배신할지, 그 권좌에서 언제 물러날지 모를지 않는가?
그런 불안한 암흑의 세계에 살기보다는 밝고 평안한 세계를
왜 찾지 않는가. 너도 신의 자식이 아닌가. 지금까지의 잘못
을 뉘우치고 저지를 죄를 진심으로 사과하여라."

이렇게 고타마가 질타하니 마왕은 또 다시 어깨를 으쓱거리며,

"무슨 말을 하는가. 나는 상상上上의 상上보다 더 높은 마왕
님이다. 이 우주에서 제일 높은 임금이란 말이다.
너 같은 놈에게 굴복할 내가 아니야. 고얀놈, 지금 당장 이
우루벨라를 떠나라."

마왕의 정신상태는 정신분열증과 비슷하여 이렇게 말하면 저렇게
엉뚱한 곳으로 탈선하고 말하면서 뽐내는 것이 특징이다.

"파피아스 마라여, 너는 어째서 밝은 천국을 싫어하는가.
춥고 배고픈 세계에서 혼자 어깨에 힘을 주고 뽐내 보아야
너의 마음은 외롭고 불안에 떨고 있지 않은가.
스스로 지은 죄를 사과하라. 진심으로 용서를 빌면 너의 마
음은 광명으로 충만하여 평화의 마음이 되살아날 것이다.
권력에 대한 집착, 겉치레 뿐인 허세 따윈 당장 버려라."

　마왕은 고타마의 자비의 말엔 귀를 기울이려고도 하지 않고 고타마가 앉아 있는 보리수 나무 둘레를 그의 부하들과 함께 포위해 왔다. 그리고 그 포위망을 조금씩 조여왔다. 형형색색인 그들의 형상은 소름끼칠 정도로 무섭기도 했으며 바로 도깨비들의 집단이었다.

　고타마는 앉은 채 그들에게 조화의 빛을 보냈다.

　마왕과 그의 부하들은 어느새 황금 쇠사슬에 묶여 꼼짝달싹 못하였을 뿐만 아니라 입이 봉해진 듯 말도 못하며 허우적거렸다.

　　“파피아스 마라여, 내 말을 진심으로 들어라.
　　너희들도 신의 자식들이다.
　　신의 자식임에도 불구하고 너희들은 이 지상생활을 할 때
　　성내고 원망하고 시기질투하며, 남을 사랑한 일이 없었다.
　　너희들도 자식을 키운 적이 있지 않은가.
　　자식을 미워하는 부모가 어디 있던가.
　　신의 사랑, 신의 자비도 그와 같다.
　　너희는 지금 그 마음이 비록 악귀가 되어 사나워져 있지만
　　그래도 신은 너희들을 버리지 않는다.
　　지금이라도 늦지 않다. 자신에게 거짓말을 할 수 없는 그 양심을 되찾고 용기를 내어라.
　　불성佛性을 불러일으켜라.
　　내가 보내고 있는 빛은 천국의 빛이다.
　　어서 집착을 집어던져라.
　　잘못을 빌고 불성佛性을 드러내어라.”

　고타마의 주위를 에워싸고 있던 암흑의 덩어리들은 얼음이 녹듯 사라지고 환한 빛이 켜졌다. 마왕의 무리들이 하나둘 죄를 뉘우치고 고개를 떨구었다. 바람도 잠잠해졌다.

　마지막까지 버티고 있던 마왕이었지만 애당초 어둠이 빛을 대항할 수는 없는 노릇이다. 마왕의 마음에도 마침내 빛이 들어갔다. 그는 두 무릎을 꿇고 고타마를 향해 두 손 모아 합장하였다.

　암야는 자광慈光(사랑의 빛)으로 밝기만 하다. 밝음과 동시에 그들의 모습도 사라졌다.

　마왕이라 해도 한때는 사람의 자식이었다. 자비의 빛을 알고 있다. 자비의 빛을 만나면 그들은 손발을 움직일 수 없게 되고 잠재해 있는 신성神性과 불성佛性이 나타나서 자신을 덮고 있던 검은 상념이 벗겨진다.

　고타마는 난생 처음으로 마왕과 대결했다.

　그전에 들어 보지도 못했고 발음해 본 적도 없는 파피아스 마라라는 말이 자신도 몰래 절로 입에서 튀어 나왔던 사실이 스스로도 놀라웠다.

　그러나 그들이 사라진 뒤 마라와 맞섰던 부동의 자신을 되살펴 보고 고타마는 자신이 여러 천사들에 의해서 보호받고 있다는 사실을 알았다.

　고타마의 마음은 자신감으로 가득 찼다.

　많은 천사들의 가호를 받고 있다는 사실을 조금 전의 마왕과의 대결에서 확실히 인식할 수 있었기 때문이다.

이 세상에서 두려운 것이 없다는 사실을 알고 나니 안심과 자신감이 마음 깊숙한 곳에서 샘물처럼 솟아올랐다.

사방은 아직 밤이다. 연푸른 달빛이 우루벨라의 숲을 감싸고 있었지만 고타마의 둘레는 황금빛이 대낮처럼 환하게 빛났다.

가장 깊은 곳에서 기쁨이 치밀어 올랐다.

여태까지 체험해 보지 못했던 뜨거운 것이 하염없이 흘러내렸다.

눈물이 무릎을 적셨다.

법열法悅의 눈물이었다.

눈을 뜨고 있어도 흐르는 눈물이 동자를 가려 눈앞이 흘렸다.

그런 법열法悅에 가만히 젖어 있으니 음악이 들려왔다.

장엄하면서도 깃털처럼 부드러운 선율이었다.

브라흐만의 세계에서 천녀天女들이 연주하는 음악이었다.

그 선율은 더러는 높게, 더러는 낮게, 마왕을 굴복시키고 아귀계에 떨어진 영들을 천도한 고타마를 축복하기라도 하는 듯 은은하게 울려왔다.

고타마는 그 음악 소리에 가만히 귀를 기울이면서 오열하고 있었다.

## §위대한 깨달음

이렛째 밤을 맞이했다.

이날 밤도 적멸의 경지에 들려고 몸을 옆으로 눕혔는데 간밤의 감격이 자꾸만 되살아나 흐르는 눈물을 주체할 길이 없었다.

잠자는 시간도 아까운 생각이 들어 출가 6년 동안의 지난날을 다시 한번 되돌아보기로 작정하고 조용히 명상의 자세를 가다듬었다. 반성의 명상은 우루벨라의 숲처럼 정일하여 시간이 흐르는 것도 몰랐다.

명상을 풀고 눈을 뜨니 벌써 동녘 하늘이 희뿌옇게 밝아오고 있었다. 하룻밤이 이렇게 눈깜박할 사이에 흘러갔다.

그런데 다시 눈을 감고 명상에 들려고 하는데 갑자기 앉아 있는 자신의 몸이 차츰 확대되어 갔다.

비와 이슬을 막아주었던 보리수의 거목을 벗어나 가야다나의 땅이 눈 아래 내려다 보이기 시작했다.

고타마의 의식은 시시각각으로 확대되어 갔다.

땅이 점점 멀어져 갔다. 그냥 멀어지는 것이 아니라 그 땅을 몸 가까이 느끼면서 멀어져가는 것이었다.

말하자면 거리의 원근이 아니라 현실의 확대였던 것이다.

자신의 의식이 땅에서 멀어지면서도 보리수의 나무며 우루벨라의 숲과 가야다나의 땅이 다 현실의 감각 속에 그대로 살아 눈 앞에 펼쳐지는 것이었다.

 의식의 확대는 그 속도를 더해 갔다.

 새벽의 샛별이 고타마의 발밑에서 빛나고 있었다.

 한편 육체의 고타마는 보리수 나무 아래 콩알처럼 조그맣게 그대로 앉아 있었다.

 고타마의 의식은 마침내 우주대로 확대되어 우주가 자신의 의식 속으로 들어왔다.

 삼천대세계三千大世界가 아름다운 별과 함께 고타마의 눈 앞에서 숨쉬고 있었다.

 모든 것이 다 아름다웠다.

 생명의 약동이 손바닥에 잡힐 듯 느껴졌다.

 저 숲이며 강이며 도시와 지구와 샛별, 모든 천체들이 신의 의사에 따라 호흡하고 있었다.

 광명으로 충만한 웅장한 일대 파노라마를 보는 듯하였다.

 객관적으로 보고 있는데에도 살아 있는 생명체의 입김이 고타마의 귓가에 피부로 전달되어 왔다.

 파노라마는 그대로 고타마의 의식의 품속에서 회전하고 있었다.

 마침내 깨달음을 얻었다.

 36년 동안 쌓였던 부조화한 마음, 어두운 상념의 구름이 이 순간에 광명으로 바뀌었다.

 고타마의 열망은 이루어졌다.

대우주의 의식과 마침내 일체가 되었다.

대우주의 의식과 일체가 되니 삼라만상의 탄생, 우주와 인간, 신의 존재, 인간의 자세, 영혼의 전생윤회 등이 일순간에 분명해졌다.

고타마의 깨달음을 글로 표현하면 대체로 다음과 같다.

이 대우주는 신에 의해서 창조되었다.

대우주가 탄생하기 이전의 우주 공간에는 광명이라는 신의 의식만이 거기 있었다.

신은 그 의식 속에서 뜻을 품었다.

대우주의 창조는 신의 뜻에 의해서 비롯되었다.

의식계의 우주와 물질계의 우주, 이 두 가지 우주를 창조하였다.

의식계의 우주는 그 의사로써 물질계의 우주를 움직이며 이 두 개의 세계는 빛과 그늘이라는 상관관계를 맺고 영원한 조화를 목적으로 움직이게 되었다.

신의 의식은 이 두 개의 세계에서 중도中道라는 법法질서 속에 그 몸을 숨기고 살게 되었다.

인간은 천지 창조와 함께 신의 의식에서 떨어져 나온 분신으로서 신의 뜻을 이어받은 만물의 영장靈長으로서 태어났다.

인간의 탄생은 의식계라는 실재實在의 우주에 먼저 그 모습을 드러냈다.

그리고 신의 뜻인 조화를 이룰 수 있는 신의 아들로서 물질계에 내려왔다.

물질계에 내려온 최초의 인간을 물리적인 눈으로 보면 대지의 일각에 홀연히 물질화된 것이라고밖에 볼 수 없을 것이다.

인간 이외의 동물, 식물, 광물도 이러한 과정을 거쳐 대지 위에 모습을 드러냈다.

이리하여 모든 생명 물질은 실재계實在界(의식계意識界)와 현상계現象界(물질계物質界) 사이를 윤회하게 되었다.

지구에 생물이 살 수 있게 된 것은 지금부터 수억 년 전의 일이다. 지구상의 최초의 생물은 미생물이었다. 태양의 광열光熱, 대지, 해수, 공기, 그리고 우주공간 등의 상호작용에 의해서 지상에 미생물이 탄생하였다.

이어서 식물이 발생하였고 동물이 그 모습을 나타냈다.

파충류 시대를 맞이하면서 한동안 지구는 황량한 모습이 된다.

공룡의 시대가 끝나는 2억년 전에 인류는 특수한 비행물체를 타고 다른 천체에서 날아왔다.

당시의 이주자는 상당한 숫자였다.

인류는 신의 의사에 따라 조화라는 불국토佛國土(유토피아)를 건설했다.

당시의 인류는 황량한 지상을 개간하여 동물과 식물이 상호의존할 수 있는 조화의 대지를 만드는 것이 목적이었다.

인류는 번창하였다. 동물, 식물도 싱싱하게 잘 자랐다.

인간의 수명은 500세, 1000세의 장수를 누렸다.

인류의 수는 늘어났다. 자손이 자손을 낳고 인간의 전생윤회가 지구라는 장소에서 회전을 시작한 것이다.

인간은 차원이 다른 의식계와 자유로이 교신이 가능하였다.

문명은 고도로 발달했다. 인간은 하늘을 자유자재로 날아다녔으며 지하에도 대도시를 건설했다.

그러나 이윽고 그 문명도 종말을 고할 날이 왔다.

인간 사이에 자아가 생겨났고 국경이 생겨나서 전쟁이 시작되었기 때문이다.

인간의 부조화, 이두운 상념의 구름은 신의 빛을 차단하였다. 그 결과 대지는 분노하였고 검은 구름이 하늘을 뒤덮었다.

도처에서 화산이 폭발하였고 육지가 바다가 되고 바다가 육지로 변했다.

불과 몇 사람의 바른 마음의 인간을 제외하고 인류는 땅 속으로 또는 바닷속으로 사라져 갔다.

이렇게 인류는 번영과 멸망을 되풀이했다. 천재지변天災地變은 인류가 이 지상에 살고난 뒤 몇 번인가 되풀이되었다.

천재지변天災地變은 자연현상이 아니다.

신의 창조의 기능을 대리행사하게 된 인류가 정도正道를 외면하고 아욕의 악업을 쌓음으로써 불러일으킨 업보다.

인류의 지상에서의 목적과 사명은 2억 년 전이나 지금이나 조금도 다름이 없다.

  신의 의지인 조화의 불국토를 건설하기 위해서 인류는 존재하며 인간의 영혼은 그러한 작업을 통해서 영원한 진화를 도모해가는 것이기 때문이다.

  인간은 소우주小宇宙를 형성하고 있다.

  소우주小宇宙란 대우주大宇宙의 축소다.

  대우주大宇宙에 전개되는 무수한 별들은 인간의 육체를 형성하고 있는 빛의 수(세포수)와 거의 같은 숫자다.

  태양계는 태양을 중심으로 아홉 개의 혹성과 3만 수천 개의 별들을 거느리고 태양 둘레를 순환한다.

  극미의 세계도 핵을 중심으로 음외전자陰外電子가 그 둘레를 돌고 있다.

  우주도 극미의 세계도 다 같은 법칙 하에 순환하면서 상호의존하고 있다.

  인간의 육체는 극미의 빛이 모여 집단을 이루고 몸을 구성한다. 이러한 집단은 뇌·심장·간장·췌장·위·장 등을 형성하여 이것은 그대로 태양과, 아홉 개의 혹성(수성·금성·지구·화성·목성·토성·해왕성·명왕성·천왕성)을 의미하며, 나아가 대우주 공간에 존재하는 무수한 성운군星雲群과 같은 세포로 만들어져 있다.

  인간은 육체 이외에 마음(의식, 영혼)을 가졌다.

  그 마음은 육체라는 옷을 입고 지상에 조화를 이루는 것을 목적으로 하는 한편 대우주의 마음과 상통하는 영생의 의식이다.

육체는 일시적인 숙소에 지나지 않는다.

물질과 비물질의 세계는 순환함으로써 조화라는 운동 형태를 영원히 지속하기 위해서 존재한다.

따라서 육체라는 물질은 때가 되면 물질적 형태를 벗어난 차원 다른 에너지의 세계로 돌아가지 않으면 안 된다.

그러나 인간의 의식은 물질, 비물질에 좌우되지 않고 영원히 그 모습을 바꾸는 법이 없다.

이와 같이 인간의 의식은 신의 의식에 연결된 채 물질의 현상계와 비물질의 의식계를 순환하면서 제각기 개성있는 영혼으로서 영생한다.

신의 자식인 인간이 어찌하여 이 현상계에 악을 짓고 불행을 싹 트게 했는가.

그것은 육체를 진짜 자신인 양 착각하여 육체에 사로잡힌 표면의 식이 자유자재의 본심을 잠재의식 속에 가두어 버렸기 때문이다.

전지전능한 신이 인간의 악과 불행을 예측하지 못했을 리는 없으며 그러한 신이 어째서 인간의 불행을 사전에 방지하지 못했을까 하고 누구나 궁금해 할 것이다.

그렇다면 사람의 아버지와 자식은 어째서 각각 다른 방향으로 걷게 되는 것일까.

아이는 어른이 되면 부모의 마음대로 되지 않는다.

자식은 자식으로서의 인격과 주체성을 가지고 있기 때문이다.

　신과 인간의 관계도 이와 같으며 주체성을 가진 인간을 마음대로는 할 수 없는 노릇이다.

　마음대로 할 수 있는 자는 바로 신의 자식인 인간 자신이기 때문이다.

　신의 조화라고 하는 중도中道 속에 숨어서 엄연히 생명의 불꽃을 태우고 있다.

　인간이 향유한 자유의 권능을 함부로 행사하고 중도中道에 거스르는 창조행위를 하면 그 분량만큼 반작용이 수반되도록 틀을 짜놓았을 뿐이다.

　그렇게 함으로써 신과 인간의 관계가 유지되고 조화라는 영원한 목표를 향해 전진할 수 있도록 설계되어 있다.

　인간의 영혼이 육체에 깃들면 오관五官에 사로잡히기 일쑤다. 오관五官이란 안眼(눈)·이耳(귀)·비鼻(코)·설舌(입)·신身(몸)의 다섯 가지를 말한다.

　이 오관五官에 마음이 미혹당한다. 아름다운 것을 보면 탐이 나고, 기분 좋은 향기에 마음이 끌리며, 달콤한 말에는 그만 귀가 솔깃해진다. 혓바닥에 맛좋은 음식은 과식하고, 몸은 괴로운 것보다는 안락한 것을 택한다. 육체 오관五官은 이와 같이 인간의 마음을 사로잡는다.

　오관五官의 활동이 없으면 육체의 유지는 어렵다.

　그렇다고 오관五官에 마음이 빼앗기면 욕망이 쌓여간다.

　욕망의 뿌리는 오관五官에 사로잡히는 마음의 작용에 있다.

모든 욕망, 싸움, 부조화, 악의 근원은 오관五官에 마음이 빼앗긴, 육근六根[1]이란 번뇌煩惱에 있다.

모든 불행은 육체에 사로잡힌 이러한 마음의 움직임, 즉 카르마業의 상념 행위에 의해서 그 가지가 뻗어나간다.

카르마業는 집착이다.

집착은 오관五官에서 발생하는 육체 상념이 영혼에 뿌리를 내림으로써 자란다.

지위, 명예, 돈, 정욕, 그 밖의 여러 가지 욕망이 인간의 신성神性과 불성佛性을 좀먹고 있다.

이렇게 인간은 그의 업의식業意識을 저 세상과 이 세상을 순환하는 동안에 수정하는 자도 있지만 대부분의 영혼은 새로운 업(카르마)을 덧붙이면서 윤회하고 있다.

이 때문에 인류는 이 지상에 불국토를 건설하기 이전에 우선 자신의 업부터 수정하지 않으면 안 되게 되었다.

동시에 온갖 집착을 키워옴으로써 신성神性의 자신에게서 차츰 멀어져 버렸다.

그러나 인간의 영혼에서 신성神性과 불성佛性을 떼어 낼 수는 없다. 왜냐하면 동물, 식물들은 이 지상의 환경을 유지하기 위한 매체물이며 인간은 이 매체물을 조화시켜 나갈 임무를 신으로부터 부여받고 있기 때문이다.

그 증거로 인간은 자신의 마음을 속일 수 없다.

......................................................
1) **육근六根** : 눈(眼), 귀(耳), 코(鼻), 혀(舌), 몸(身), 마음(意)

 남에겐 거짓말을 할 수 있어도 자신에겐 거짓말을 못한다.

 문명, 문화는 인간 사회에만 있는 것이지 동물, 식물의 세계에는 없다. 인간은 시종일관 인간이다.

 동물, 식물도 저마다 개성에 따라 전생윤회하면서 진화를 거듭하고 있다. 하지만 그들은 결코 인간이 될 수 없다.

 인간도 그들처럼 동물, 식물이 될 수는 없다.

 물이 흙이 될 수 없는 것과 마찬가지다.

 인간이 신의 자식으로서의 자신을 자각하고 업을 수정하며 본래의 신성을 되찾기 위해서는 신의 마음에 접근하지 않으면 안 된다.

 신성의 자신으로 돌아간다는 것은 고통의 세계에서의 자신에게서 벗어난다는 것이다.

 생로병사의 집착에서 탈피하는 것을 의미한다.

 신의 마음은 중도中道라는 조화의 대우주 속에 흐르고 있으며 그 흐름에 자신의 영혼을 담글 수 있도록 노력해야 한다.

 하루에는 낮과 밤이 있다. 결코 한쪽으로 기우는 법이 없다.

 아무리 인류가 불어나도 공기, 물의 질량에는 변함이 없다.

 태양의 광열도 그 방사하는 질량을 바꾸지 않는다.

 인간 사회에는 남자와 여자가 있다.

 남녀의 비율은 늘 일정하다.

전쟁, 재해 등으로 인간의 마음이 자기보존·아욕으로 기울어지지 않는 한 남녀의 비율은 균등을 유지한다.

인간의 육체도 휴식과 운동이라는 순환에서 벗어날 수 없다.

밤잠도 자지 않고 일에만 열중하면 육체적 고장이 생기고 정신적 균형을 잃는다.

모든 생명, 물질은 이와 같이 중도中道에서 벗어나서는 유지될 수 없도록 틀이 짜여 있다.

슬픔이나 괴로움은 모두 중도中道에서 이탈한 상념행위가 만들어내는 것이다.

중도中道의 마음은 일상생활의 상념행위를 반성하고 그 반성한 바를 실천함으로써 얻어진다.

실천에는 노력이 따른다.

용기가 필요하다.

지혜를 활용하면 업의 수정은 의외에도 빨리 이룰 수 있다.

반성의 척도는 **여덟 가지 규범**(팔정도八正道)이 근본이다.

**정 견** 正見·**정 사 유** 正思惟·**정 어** 正語·**정 업** 正業

**정 명** 正命·**정 정 진** 正精進·**정 념** 正念·**정 정** 正定

이러한 규범을 척도로 삼고 일상생활을 수정함으로써 인간의 마음은 승화되어 간다.

우리의 영혼은 영생永生의 의식이다.

육체는 시간이 흐르면 벗어던져야 하는 옷이다.

중도의 마음에 접하면 이러한 섭리가 분명해지고 신의 의식인 영원한 평안을 유지할 수 있다.

의식이 우주대로 확대되면 우주를 형성하고 있는 태양을 비롯한 모든 별들이 자신의 의식 속에서 회전하고 있으며 그리고 그 가운데 호흡하고 있는 일체의 존재가 나의 일부분이라는 사실을 알게 된다.

인간은 본디 우주대의 의식을 지니고 생활하고 있다.

육체 속에 그 의식이 조그맣게 굳어져 버리기 때문에 본래 우주대의 자신을 상실하고 있을 따름이다.

조그맣게 굳어버린 인간이라도 신은 인간의 생존에 필요한 환경을 아낌없이 제공해 준다.

괴로워하고 헤매고 지옥에 떨어진 인간에 대해서도 신은 참을성 있게 구원의 손길을 뻗치고 있다.

태양을 주고 물을 주며 공기를 주고 대지와 식물을 주고 있다.

내 자식의 미래를 걱정하는 부모처럼 신은 인간에게 무한의 자비를 베푼다.

인간은 그 자비에 보은하지 않으면 안 된다.

보은함으로써 인간은 자신 안의 신성을 자각하게 된다.

신은 평등을 원칙으로 삼고 있다.

그 증거로 태양의 광열光熱은 만생만물을 평등하게 보육하고 있다. 결코 차별함이 없다.

인간 사회에 계급이 있고 빈부의 차가 생겨나서 경쟁의식에 마음이 번롱당하는 것은 신의 뜻을 거스르는 것이다.

능력의 차이, 힘의 차이, 잘하고 못하고는 모두 과거세過去世, 현세現世의 경험과 노력의 차이에서 오는 것인 만큼 그것이 곧 신이 인간을 차별대우한다는 이유가 될 수 없다.

태양계의 천체의 모습처럼 인간에겐 저마다의 역할이 있다.

저마다 그의 역할을 다함으로써 태양계가 유지되고 사회가 안정된다.

중도中道를 따르면 자신을 아는 가장 빠른 지름길이 된다.

인류의 역사는 자신을 아는 것보다는 아욕을 충족시키기 위한 투쟁의 역사였다. 투쟁과 파괴는 아욕 때문에 되풀이되었다.

자신을 알고 인간의 목적을 깨닫게 되면 현상계의 조그마한 자신에게 마음이 빼앗기는 일은 없어진다.

인간은 괴로움에서 벗어나려고 온갖 신앙을 찾는다.

육체를 자학하고 고행을 쌓으면 구제받고 자신을 발견할 수 있다고 하는 부류도 있다. 또 빌고 기도하면 공덕이 있고 편안한 생활을 누릴 수 있다고 믿고 있는 중생도 많다. 큰 착각이 아닐 수 없다.

고행은 육체에 마음이 붙들리게 하고, 기도하면 구원 받는다는 타력신앙은 인간의 신성神性을 상실하게 한다.

둘 다 한쪽으로 기운 신앙이다.

중도中道의 신리神理는 신으로 통한 자신의 마음을 믿고 팔정도八正道라는 생활규범을 실천함으로써 살아난다.

자기만족이나 도피는 진정 안정된 마음이 아니다.

생사의 참모습을 볼 수 있는 자신이 확립됨으로써 비로소 안심입명安心立命[1]이 얻어진다.

인간은 신의 자식이다.

신은 천지를 창조하였다.

인간도 또한 자신의 천지를 창조해 나가야 한다.

신으로부터 부여받은 육체를 함부로 괴롭히거나, 맹목적 타력신앙에 몸을 맡겨 자기 만족에 빠져서는 안 된다.

세상은 바야흐로 말법末法 시대다. 중도中道의 신리를 상실하고 인류는 미로의 숲 속을 헤매고 있다.

이 미로에서 인간을 구출하기 위해서는 정법이란 법등을 밝히고 대자연의 중도에 눈뜨지 않으면 안 된다.

정법은 자비와 사랑을 불러일으키는 힘이다.

정법을 믿고 실천하는 자의 앞길에 신은 무한의 광명을 비추어 줄 것이다.

고타마는 비로소 인간의 가치를 깨달았다. 인간과 대자연이라

1) **안심입명安心立命** 안정된 마음과 본연의 사명을 하는 것

는 것이 항상 일체가 되어 호흡하며 신의 뜻과 함께 대자연에 존재하고 있다는 것을 깨달았다.

자연을 떠나서 인간은 존재할 수 없고, 인간은 그 자연을 신의 경륜에 따라 조화시켜 나가야 하는 사명이 있다는 것을 깨달았다.

지상의 희노애락喜怒哀樂에서는 이러한 자각은 일어나지 않는다.

물질을 물질로 보고 있는 한 마음의 세계는 보이지 않고 마음의 평안도 얻을 수 없다.

먼저 물질에서 벗어나 물질을 살리고 있는 실재를 파악함으로써 비로소 물질의 가치가 인식된다.

색심色心이 불이不二라는 인식은 인간의 마음이 물질에서 떠나 물질을 객관적으로 볼 수 있게 되었을 때 비로소 얻어지는 고차원의 깨달음이다.

여러 천사들의 가호를 받으면서 이러한 큰 법열法悅에 젖을 수 있게 된 사실에 대해서 고타마는 그저 감사할 따름이었다.

또 뜨거운 눈물이 흘러내렸다.

황금색 빛의 입자가 고타마의 주위에 무수히 쏟아졌다.

앉은 자리는 그 입자로 눈부셨다.

하늘의 일각에서는 천녀天女들의 노랫소리가 들려왔다.

깨달음을 축하하는 대합창이었다.

고타마는 그 대합창 소리를 마음으로 받아들이면서 법열法悅에 젖었다.

　마음 한 구석에 보이지 않게 남아 있던 마의 검은 그림자마저 빛의 에너지로 바뀌어 오로지 우주즉아宇宙即我의 경지에 온 심신이 젖어 있을 뿐이었다.

　명상瞑想의 극치에 도달하면 시간의 경과는 모르게 된다. 시간의 흐름은 화살처럼 진행된다.

　시간이란 지금이라는 순간을 가리킬 뿐이며 대자연의 윤회는 일각의 휴식도 없이 진행된다.

　고타마는 복받치는 감동으로 몸을 떨며 명상을 풀었다.

　우주즉아의 깨달음에서 다섯 자 반에 불과한 현실의 육신으로 돌아왔다.

　쳐다보니 하늘에는 구름 한 점 없었다.

　그 짙푸른 하늘은 우루벨라의 숲을 부드럽게 포옹하듯 원을 그리면서 넓게 펼쳐 있다.

　태양의 광선 줄기가 보리수의 잎새를 뚫고 고타마를 비추고 있었다.

　고타마의 시야에는 만생만물이 일제히 기립하여 자신의 깨달음을 축하해주듯 싱싱하게 약동하고 있었다.

　앉아 있는 대지도, 수목도, 잡초도, 벌레도, 보리수의 가지 위에 지저귀는 새들도, 모두가 다 그 생명을 즐기면서 고타마를 지켜보고 있는 듯했다.

　고타마도 그들에게 답례하듯 자비의 에너지를 보냈다.

'도대체 지금 자신의 심경을 누구에게 말해야 알아줄까.
인간이란 이런 것이라고 그 실상을 설명한들 누가 과연
믿어줄까…'

문득 이런 생각이 들었다.

'…말해 보아야 알 리가 만무하다.'

고타마는 마침내 생로병사의 괴로움에서 해탈하였다.

전생 윤회의 업에서 벗어나 영원한 생명을 깨달았다.

영원한 생명이란 생로병사가 없는 세계에 다름 아니었다.

육신 안에 또 한 사람의 자신이 있었으며 그것이 윤회에서 해탈
한 불생 불멸의 생명이었다.

또 다른 한 사람의 자신이 대우주와 하나가 되어 영원히 살아
있는 생명의 실상이었다.

태어나지도 않고, 병들지도 않으며, 죽지도 않는, 그런 자신을
이제야 똑똑하게 인식하였다.

그리고 그런 또 한 사람의 자신으로 언제든지 돌아갈 수 있는
목숨이었다.

과거, 현재, 미래에 걸쳐 윤회하고 있는 업의 소용돌이에서 벗
어날 수 있게 되었다.

현재의 육체는 부모와의 인연에 의해서 얻어진 것이며 그 육체
는 인생항로의 단순한 나룻배에 지나지 않는 것임을 알았다.

과거세過去世의 육체도 마찬가지였다.

그러나 자신의 영혼은 과거도 현재도 변함이 없었다.

과거도 자신이었고 지금도 자신이었다.

불생불멸不生不滅, 부증불감不增不減의 영혼의 불변성은 영원히 바꿀 수도 변할 수도 없는 것이다.

여러 가지 생명의 갈래에 대해서도 이런 것을 말할 수 있다.

인간은 어디까지나 인간이며, 동물은 어디까지나 동물로서 영생하고 있다.

원숭이가 인간이 되고 인간이 개가 되는 일은 없다.

원숭이는 원숭이에 다름 아니며, 개는 개로서의 진화 과정에 놓여 있다.

그래서 만생만물은 신의 의사意思 아래 영원히 살아가는 것이다.

일체의 괴로움은 스스로의 마음과 행동이 지어 내는 것이다.

즉, 자연의 법칙인 중도中道라는 궤도에서 이탈했기 때문에 일어나는 것이다.

바르게 보고, 바르게 생각하며, 바르게 말하는 정도正道의 상념행위想念行爲를 스스로 포기하는데 문제가 있다.

중도中道의 마음은 가장 인간답고, 가장 자연스러운 생활태도다.

고타마는 이 엄청난 깨달음을 도대체 누구에게 설법해야 이해해 줄 것인가 하는 걱정이 앞섰다.

고타마는 보리수의 밑둥을 짚고 천천히 일어섰다.

숲 속을 거닐기 시작하니 새들이 뒤를 따라왔다.

고타마가 멈추어 서면 새들도 멈추어 섰다.

가만히 그들을 바라보고 있으니 곁으로 다가왔다. 그리고 아무 불안감도 의심도 없이 고타마의 발목에서 모이를 쪼고 있었다.

새들은 보리수의 주민들이다. 고타마와 기거를 함께한 집안의 친구들이었다. 여기에 온 뒤로부터 그들은 고타마를 친구로 맞이해 주었다. 어깨와 머리 위에 앉아 말을 건네왔다.

고타마도 그만 흥에 겨워 소리내어 말을 했다. 그들에게도 감정이 있어서 어느 한 놈을 특별대우하면 다른 새들의 목소리나 태도가 달라지는 수가 있었다. 이래서는 안 되겠다는 생각이 들어 평등하게 대하면 그들의 태도 역시 평온해지는 것이었다.

그리고 짧은 기간이었지만 그들끼리 서로 싸우는 것을 보지 못했다. 그들은 서로 침범하는 일도 침범당하는 일도 없이 언제나 기운차게 살고 있었다.

인간끼리의 추악한 싸움을 생각하니 인간은 새들보다도 못하다는 생각이 들었다.

네란자라 강가로 내려갔다.

천천히 흐르는 강의 물줄기는 어제도 그저께도 변함 없었다. 허리까지 잠기니 물의 찬 기운이 피부에 스며들었다.

한 잠도 자지 않았음에도 불구하고 간밤의 피로는 눈꼽만큼도 느끼지 못했다. 두 손으로 물을 퍼서 얼굴을 훔쳤다. 말할 수 없이 상쾌한 기분이었다.

강물은 인도양에 흘러들어 대해가 된다.

대해의 물은 다시 구름이 되고 비가 되어 지상으로 내려와 네란자라 강물이 된다.

물은 이런 윤회를 되풀이하고 있지만 물의 본질은 조금도 변함이 없다.

강물 속에 몸을 담그고 있으니 대자연의 크나큰 계획 속에 자신이 떠 있는 것처럼 느껴졌다.

강물은 말없이 흐르고 있다.

그 흐름을 가로막고 있는 지금의 고타마의 모습은 '시간'이라는 '시時'를 잡고 있는 바로 그것이었다.

지금의 고타마는 시간을 붙잡고 시간 속에 있는 것이었다.

과거, 현재, 미래라는 시간의 흐름은 그 흐름 속에 있어서는 알 수도 깨달을 수도 없다.

그것을 깨달아 알 수 있는 것은 반성反省이라는 지관止觀에 의해서만 비로소 가능한 것이었다.

고타마는 네란자라 강물에 잠겨 큰 소리로 울음을 터뜨렸다.

어젯밤의 감격이 다시 밀물처럼 덮쳤던 것이다.

다시 일몰을 맞이한 고타마는 마른 풀잎과 섶으로 모닥불을 피웠다. 모닥불 연기가 느릿느릿 석양빛 하늘로 올라갔다.

바람 한 점 없는 그 밤도 역시 조용한 밤이었다.

고타마는 망고 껍질을 벗기면서 수자타(추다다)가 불렀던

'가야금 줄은 알맞게 조여야 소리가 좋아...'

라는 가사를 흥얼거렸다.

저녁 끼니는 동냥으로 얻어온 야채와 쌀밥일 경우도 있었지만 이날 저녁은 야생 과일로 때웠다.

마음의 조화에 대해서는 아직도 한 가닥 기우가 없는 바도 아니었으나 마음을 가라앉히니 순간적으로 오늘 아침과 같은 심경에 들 수 있었다.

가는 날도 오는 날도 마음의 조화는 부동이었다.

그리고 그 이상의 변화는 없었다.

제 3 장

# 초전법륜初轉法輪

## §범천과의 대화

위대한 깨달음을 얻은 지 벌써 열 사흘이 지나갔다.

그러니 반성의 지관止觀을 시작한 지는 스무 하루째가 되는 셈이다.

마음의 조화를 이루는 것은 언제든지 자신 있는 일이었지만 그 조화를 풀고 싶은 생각은 도무지 들지 않았다.

마음이 조화를 이룬 상태에서 이 세상을 하직할 수 있다면 더없는 행복일 것이라는 엉뚱한 생각이 들었다.

스무 하루째 밤을 맞이한 고타마는 앞으로는 단식을 해서 육체가 쇠퇴해지기를 기다리기로 작정하였다.

그런 결심을 하고 명상에 들려고 눈을 감았다. 그러자 바로 그 때였다. 갑자기 눈앞이 환해졌다.

황금빛 광명 속에 범천梵天(브라흐만)이 서 있는 것이 아닌가.

아몬이라고 불리는 브라흐만이었다. 고타마보다는 키가 크고 조금 여윈 편이었다. 순백의 비단 같은 옷이 소매까지 드리워졌으며 허리 부위를 끈으로 동여매고 있었다. 주름살이 깊은 얼굴은 얼핏 나이가 들어보이지만 자세히 살펴보니 마흔 두셋 정도였다.

어디서 본 듯한 낯익은 얼굴이었지만 고타마는 얼른 기억이 나지 않았다. 아무튼 황금빛 속에 쌓인 그 모습은 장엄하고도 아름답기 그지 없었다. 그의 양옆에는 두 분이 더 서 있었다. 그 중 한 분은 그라리오라는 분이었다.

세 분은 눈웃음을 지으면서 고타마를 내려다보고 있었다.

고타마의 마음을 꿰뚫어보는 것 같았다. 그러면서도 자비의 눈길은 따뜻하게 빛나고 있었다. 고타마는 이 세 분의 눈부신 범천梵天(브라흐만)을 쳐다보았다.

보면 볼수록 아름다웠다.

자신도 그들과 함께 범천계梵天界로 올라와 있는 것이 아닌가 착각할 정도였다.

아몬이라고 불리는 브라흐만이 입을 열었다.

"고타마, 죽을 생각은 하지 마라. 만일 네가 죽는다 해도
너를 다시 지상계로 돌려보낼 수 있다.
이 지상계를 떠나고 싶어해도 이 우주 어디에도 도망칠 수
없다는 것을 명심하여라."

조용히 말하는 그 목소리는 위엄과 자비로 가득 찼다.

고타마는 조금 전까지 품었던 죽음에 대한 상념이 그 목소리의 파장에 밀려 흔적도 없이 사라지는 것을 느꼈다.

"그대는 무엇을 깨달았는가?
깨달음에는 무슨 의미가 있는가? 그대가 모를 리 없다…"

아몬의 목소리는 시종 위엄이 넘쳤다. 고타마는 어느새 고개를 숙이고 있었다. 정좌를 한 채 두 손을 짚고 땅에 엎드려 브라흐만의 다음 말을 기다렸다.

"알았는가, 고타마…"

"거역하는 말씀 같지만 이 깨달음을 중생들에게 설법해 보
아야 이해할 리 있겠습니까. 역시 이대로 죽게 해주십시오."

"바보같으니라구…"

아몬이 일갈했다. 그 목소리는 티끌만한 타협도 용서하지 않는 엄
한 것이었다.

"그대가 중생을 제도하지 않으면 누가 하겠는가. 잘 생각해
보아라. 자비심은 반드시 중생들의 마음을 편안하게 하여 불
심神心을 불러일으킬 것이다.
　법法(담마Dhamma)은 마음의 태양이다.
　마음의 태양을 상실한 사람들에게 신리神理의 법등을 다시
한 번 밝혀야 한다. 신리神理의 법등을 끌 수는 없다.
　무엇보다도 먼저 그대는 실재계實在界에 우리와 함께 있었
을 때 그것을 약속하고 태어나지 않았던가. 그 약속을 이행
하지도 않고 돌아와 보아야 그대가 머물 곳은 없다.
　그 정도는 깨달음을 얻은 그대가 모를 리 없지 않은가."

고타마는 폐부가 찔리는 충격을 받았다. 더 이상 후퇴할 이유를 찾
을 수 없었다. 태어나기 전부터 중생제도를 약속하고 나왔으면 그
역할을 다하지 않고서는 육체의 생명을 끊을 수는 없는 노릇이다.

아몬이라는 위대한 브라흐만으로부터 그런 말을 듣고 보니 이 지
상에 태어나기 전의 자신의 결심이 어딘지 모르게 마음 한 구석에
서 고개를 쳐들었다.

"알겠습니다… 해 보겠습니다."

고타마는 겨우 그렇게 대답했다.

"이제야 이해하였구나.
그래서 그대는 위대한 대지도령大指導靈입니다."

여기서 아몬의 태도는 존대말로 바뀌고 정중해졌다.

"나는 당신의 친구 아몬입니다.
당신과 나는 언제나 함께 있으면서 내가 지상에 태어날 때
에는 당신이, 그리고 당신이 지상에 태어날 때에는 내가 당
신을 서로 돌보아 왔습니다.
머지않아 이런 사실들을 곧 이해하시게 될 것입니다.
당신이 지금부터 후반생의 사명을 무사히 이행할 수 있도록
나는 어떠한 협력이라도 아끼지 않겠습니다."

아몬은 이렇게 말하고 광명 속에서 환하게 웃었다.

인간의 영혼은 육체를 한 번 지니게 되면 좀처럼 자신이라는 본성
을 깨닫기가 힘든 법이다. 마음이 오관五官에 좌우되기 때문이다.

팔을 꼬집으면 아프고 눈에 비치는 외계外界는 흡사 실재계實在界
의 모습처럼 보이기 때문이다.

그래서 이승의 현상에 현혹되어 자신의 임무를 수행하지 못한 채
돌아가기 쉽다. 저승에 돌아가서는 '앗 실수했구나.'하고 후회하게
된다.

여래如來라고 일컫는 사람 가운데에도 이런 실패를 저지른 경우가 있었다. 그만큼 이 색계色界(물질계物質界)는 쉽고도 어려운 곳이다.

또 중생제도의 일념에 몰두하면서도 중생을 잘못된 방향으로 끌고 가는 경우도 종종 있다. 가까이는 일련日蓮이 그랬다.

일련日蓮도 본래는 보살菩薩이었다. 보살菩薩의 마음은 원래 광대한 것이다. 광대하지 않으면 보살菩薩의 세계에 살 수 없다. 그 일련日蓮이 법화경法華經을 포교하기가 급한 나머지 타종파他宗派를 배격했다. 염불무간지옥念佛無間地獄, 선천마禪天魔라고 몰아세우며 남의 종단을 맹렬히 비난했다.

또 사도의 섬으로 유배될 때에는 폭풍우를 가라앉혀 준 용을 숭상하기도 했다. 용은 정법을 지키는 제천선신諸天善神의 화신化身의 하나다. 즉 팔대용신八大龍神의 산하에 속해 있으며 팔대용왕八大龍王의 수족이 되어 정법 수호의 임무를 담당하고 있다. 팔대용왕은 제천선신이며, 체천선신은 보살이 되기 위한 수행의 과정에 있다. 조난을 막아 준 그 행위에 대한 감사는 당연한 것이지만 부처님처럼 숭앙해서는 안 된다.

아무튼 이와 같이 일련日蓮은 몇 가지 잘못을 저질렀다. 그래서 지옥에 떨어진 일련日蓮은 약 600여년 동안 이승에서 지은 악업의 때를 벗기는 고행을 겪지 않으면 안 되었던 것이다.

현상계(이승)는 이와 같이 인간의 마음을 현혹시킨다. 자기가 가야 할 방향을 알고 있으면서도 잘못을 저질러버린다.

아몬의 강철 같은 엄한 말씨가 금방 정중한 사랑의 어조로 바뀐 것은 고타마가 많은 어려움을 극복하고 끝내 깨달았을 뿐만 아니라 꺼져가는 법등에 다시 불을 밝혀보겠다고 약속해 주었기 때문이다.

아몬은 그 후 이스라엘에서 태어나 사랑을 설법한 예수 그리스도가 된다. 예수 그리스도의 전세의 이름은 아몬이었다. 이승(현상계現象界)에서의 이름은 그대로 저승(실재계實在界)에서의 이름이 되기도 한다.

고타마는 몸이 긴장되는 것을 느꼈다. 고개를 숙인 채 비록 한동안이나마 가슴에 품었던 자신의 천박한 생각을 뉘우쳤다.

그라리오라고 불리는 브라흐만이 입을 열었다.

"고타마님, 사양 말고 고개를 드세요. 36년 동안 직접 당신을 지켜 왔지만 대화를 할 수 없었습니다. 그런데 이제는 당신과 자유롭게 이야기할 수 있게 되어서 기쁩니다.
지금 당신은 광명에 싸여 눈부십니다.
참으로 잘 정진해 주셨습니다. 참으로 잘도 그 여러가지 고통을 이기고 해탈해 주셨습니다.
나는 정말로 기쁩니다.
고타마… 고개를 들어 주세요. 나는 지금의 이 감격을 어떻게 표현해야 좋을지 모르겠습니다.
귀여운 내 자식을 지구 끝에서 드디어 만난 기분입니다…."

그라리오는 울고 있었다. 여기까지 말하고는 그 다음 말이 나오지 않았다. 고타마는 고개를 들었다. 그라리오, 아몬, 두 분의 눈은 불그스레 젖어 있었다.

또 한 분의 브라흐만은 모세였다. 다부진 체구와 짙은 턱수염이 그의 특징이었다. 모세도 연신 눈을 껌벅이면서 고개를 끄덕이고 있었다. 마음은 겨우 진정되었다. 파도가 가라앉았다. 하지만 사람의 마음이라는 것은 참으로 미묘한 것이어서 진정되었다 싶으면 어느새 또 일렁거리는 것이었다.

고타마의 마음속에서는 또 다시 이대로 죽었으면 얼마나 좋을까 하는 그림자가 일렁거렸다. 바로 그 순간이었다.

"죽음은 도피다.
자신의 마음에서 자신이 도망칠 수는 없다.
마음은 자신의 우주이기 때문이다.
도망쳐 보아야 그 곳에서 자신의 마음을 다시 만나게 된다.
육체가 있건 없건 마음의 모습은 변하지 않는다.
지혜와 용기, 그리고 노력으로 중생에게 사는 보람을 안겨 주어야 한다. 고통에서 해방시켜 주어야 한다.
다시는 죽겠다는 마음을 가져서는 안 된다."

아몬이 이렇게 부드럽게 꾸짖었다. 고타마는 아몬의 말에 마침내 결심이 굳었다. 지금부터 어떠한 고난이 닥쳐와도 반드시 헤쳐나가리라. 아몬의 얼굴을 쳐다보면서 입술을 깨물었다. 그리고 자기 혼자 열반에 들겠다던 욕심의 그림자가 수치스럽게 느껴져 왔다.

"고타마, 당신의 체험은 모두가 다 그대로 신리神理입니다. 많은 중생은 당신을 거울 삼아 인생의 번뇌에서 벗어나 마음의 평안을 되찾을 것입니다.

　정도正道에서 벗어난 생활이라는 것은 비록 즐거운 일이라 할지라도 이내 괴로움의 바다로 통하고 마는 것…

　고苦는 락樂의 씨앗이고, 락樂은 고苦를 지어내는 씨앗인데 중생은 이 이치를 알려고 하지 않습니다.

　마음 있는 자는 필사적으로 이 이치를 탐구하고 있지만 그 요원함을 느낀 나머지 혹자는 현실과 타협하게 되고 혹자는 소중한 생명까지 끊고 있습니다.

　천진스러운 마음이 그런 결과를 낳는데 스스로의 목숨을 끊는 행위 이상으로 인간에게 독이 되는 업業은 없습니다.

　당신의 체험은 고통의 바다에서 허우적대는 중생의 눈을 뜨게하고 내재한 큰 지혜를 끌어낼 수 잇는 열쇠가 될 것입니다.

　세상은 바야흐로 암흑의 말법 시대입니다. 당신이 깨달은 신리神理는 지금이 아니면 펴 나갈 수 없습니다.

　이 시기를 놓치면 중생의 마음은 악마의 손아귀에 넘어가 인류는 멸망의 길을 헤맬 것입니다. 부탁드립니다.

　우리들은 당신의 앞길에 산이 있으면 그 산을 제거할 것이고 개울이 있으면 다리를 놓아 드릴 것입니다.

　강이 있으면 배를 준비할 것이며 어떠한 협력도 아끼지 않을 터이니 고타마, 잘 부탁드립니다."

아몬은 이렇게 말을 마치자 오른손을 들어 빛을 쏟아 보냈다.

　"꼭 해보겠습니다.

　저의 모든 것을 바쳐서 신리神理의 법등을 중생에게 밝혀

보겠습니다. 앞으로 잘 부탁드리겠습니다.”

고타마가 이렇게 결의를 밝히자 세 분의 브라흐만은 실재계로 조용히 사라져 갔다.

고타마의 정법 포교의 결심은 이 때부터 흔들리지 않게 되었다.

브라흐만들이 사라진 뒤의 우루벨라의 숲은 다시 암야의 정적으로 돌아왔다.

거짓말처럼 주위의 정경이 현실의 모습 그대로 돌아와 있었다.

## §범천계에서의 자각

꺼져가는 모닥불 가에서 홀로 정좌하고 있던 고타마는 급히 섶을 집어넣고 모닥불을 살렸다. 불길은 힘차게 타올라 주변을 붉게 물들였다. 이따금 짐승들의 울음소리가 들려왔다. 그러나 우루벨라의 숲은 고타마 한 사람만 남기고 모두가 깊은 잠에 빠져 있었다. 이미 밤도 깊었으므로 포교의 계획은 아침에 세우기로 하고 고타마는 몸을 눕히려고 했다.

그러자 바로 그 때였다.

고타마의 몸이 이상하게 흔들리기 시작했다.

우주즉아宇宙卽我의 깨달음을 얻던 바로 그 때의 경험과 흡사하였다.

가볍게 몸이 흔들리더니 고타마의 의식체는 광명光明의 돔dome 안에 있었다.

그 돔dome 속에서 맹렬한 속도로 상승하기 시작했다.

고타마는 돔dome을 빠져나오자 안계眼界가 열려 눈부신 신록의 잔디가 펼쳐진 구릉丘陵 위에 섰다.

육체의 고타마는 보리수 고목 아래 그대로 쉬고 있었다.

눈부신 신록의 언덕은 지상계에서는 볼 수 없는 한 폭의 그림이었다. 구릉은 웅대한 경사를 지으면서 몇 겹이나 이어져 있다.

멀리 숲이 보였다. 그 숲의 신록도 선명하기 그지없었으며 한 점의 티도 없었다.

　잔디 색깔도 신록 일색이며 발로 밟기가 망설여질 정도로 싱싱하게 살아서 숨쉬는 생물처럼 느껴졌다.

　고타마는 자신도 모르게,

　　"아…!"

하고 탄성을 질렀다. 한참 동안 멍하니 선 채 태양에 넋을 빼앗기고 말았다.

　그리고 지난날 자신이 저 태양 아래서 오랜 세월 동안 살아온 기억들이 주마등처럼 되살아나 그립고 반가운 해후의 감회가 고타마의 온몸을 따뜻하게 사로잡았다.

　한참 동안 그렇게 서 있는데 어느새 사람들이 고타마의 둘레에 모여들었다. 오랜 옛친구를 만난 기분이었는데 그 중 누군가가 길을 안내하듯 고개를 숙여 인사하였다.

　누구의 얼굴을 보아도 밝고 환하다. 피부가 유리처럼 고왔다.

　고타마는 안내하는 대로 그의 뒤를 따랐다. 집회장에는 수백 수천 명의 사람들이 모여 있었다. 황색, 백색, 그리고 흑인도 몇 사람 끼어 있었다. 복장도 여러 가지다. 그리스 시대의 것이 있는가 하면 고대 중국의 둔탁한 의복을 입은 사람도 있다. 말하자면 세계 각국의 인종이 한자리에 모여 시대와 국가를 초월한 복장으로 고타마를 환영하고 있는 것이었다.

　청중 가운데 아몬, 그라리오, 모세 세 분이 모습을 나타내며 고타마를 웃음으로 반겨주었다.

　앞서 범천계梵天界(브라흐마로카ब्रह्मालोक)에 돌아온 세 분과 범천계梵天界의 사람들이 고타마를 초청해 준 것이었다.

　아몬이 '어서 이쪽으로' 하는 듯이 고타마를 안내하여 청중이 내려다 보이는 한 단 높은 곳으로 올라갔다.

　집회장이라 해도 야외다.

　신록의 잔디가 깨끗이 깔린 느린 경사면이다. 그 사면에 몇 천 명의 빛의 천사(보살bodhisattva)들이 형형색색의 복장을 하고 모여 있었다. 물론 범천계(브라흐마로카ब्रह्मालोक)의 사람들도 눈에 띄었다.

　가까이 선 사람들을 살펴보니 모두가 다 낯익은 얼굴들이었으며 '앗 네가' '당신이 여기에...'라는 탄성으로 36년 만에 고향으로 돌아온 감회였다. 모든 사람의 눈이 물기에 젖어 있었다.

　아몬의 소개로 고타마는 한 발 높은 언덕 위에 섰다. 고타마는 36년 만에 범천계(브라흐마로카ब्रह्मालोक)에서 설법을 시작했다.

　　"만물은 인연에 의해서 생기고 인연에 의해서 멸滅합니다.
　　인간의 영혼은 신리神理에서 비롯되어 신리神理에 따라 영원한 진화를 계속하고 있습니다.
　　그런 진화 도상에 인간은 신리神理에서 벗어난 생활 행위를 만들어 내고 있습니다.
　　그 원인은 어디에 있는가.
　　인생의 괴로움과 슬픔은 스스로의 마음이 만들어 낸, 이를테면 마음의 그늘이며 그 그늘은 오관五官육근六根을 생활의 근본으로 삼는 데 있습니다.

인간이 고뇌에서 해방되기 위해서는 팔정도八正道라는 중도中道의 마음을 기준으로 한 실천 행위밖에 없습니다.

오관五官육근六根은 집착執着을 낳는데 그 집착執着은 만족할 줄 모르는 욕심이 만들어 내고 있습니다.

마음의 평안을 구하려면 먼저 만족할 줄 아는 생활, 집착에서 벗어난 생활, 인간으로서 신리神理에 따른 의무와 책임을 완수하겠다는 자각이 필요합니다.

지금 이 자리에는 국가와 민족을 초월한 분들이 모였습니다. 인류는 모두 형제라는 것을 여실히 보여주고 있습니다. 이 사실을 지상계의 인간들에게 알려주어야 합니다. 여러분의 사명은 참으로 중대한 것이 아닐 수 없습니다…"

거침없이 이어지는 고타마의 말은 청정한 대기 속에서 장엄한 파동이 되어 퍼져 나갔다.

이 때의 고타마의 어조는 지상계의 육성과는 달리 중후한 종소리에 가까운 것이었다.

그 한 마디 한 마디는 그대로 빛의 입자가 되어 모든 보살의 가슴 속에 스며들고 있었다.

약 한 시간에 걸친 설법은 눈 깜빡할 사이에 끝났다. 설법이 끝났는데도 청중은 끝났음을 몰랐다. 한참 동안 침묵이 흐른 다음에야 천지가 깨어지는 탄성과 박수가 쏟아졌다. 모든 얼굴이 상기하여 감동에 젖어 있었다.

고타마는 아몬을 비롯한 범천들과 작별인사를 나누고 보리수 고목 아래에서 그 동안 휴식을 취하고 있던 자신의 육체로 돌아왔다. 보통 상식으로는 이런 현상은 생각조차 할 수 없다.

육체 안에 있는 또 한 사람의 자기 자신, 즉 영혼이 육체에서 벗어나 현상 세계와 다름없는 감각과 동작으로 한동안을 지낸다는 것은….

꿈속에서는 현실과 같은 경험을 누구나 수없이 되풀이 겪고 있다. 또 특수한 능력으로는 유체이탈幽體離脫이라는 것도 있다. 영혼의 이탈이 바로 유체이탈幽體離脫인데 여기에도 여러 단계의 차원이 있어서 사람마다 그 영혼의 급수에 따라 영시靈視의 범위, 체험의 위상이 달라진다.

저 세상의 태양 빛은 거기 거주하는 사람의 마음을 반영해서 수백 수천 가지의 색깔을 보여주고 있다. 따라서 저승의 황홀한 태양을 보았다고 하는 사람이 이따금 있는데, 그 보았다는 태양의 빛깔이나 그 사람의 마음의 상태를 보면 어느 계층의 태양인가를 판단할 수 있다.

고타마는 영혼의 이탈 즉, 유체이탈幽體離脫을 거의 한 시간 동안이나 체험하였다. 이것은 지난날엔 없었던 경험이었다. 카필라 성의 지하실에서 명상에 잠겼을 때 가끔 꿈 같은 그런 자신의 모습을 볼 때가 있었다. 중생들 앞에서 법륜法輪을 설법하고 있는 일종의 몽환상태에 빠질 때가 종종 있었다.

그러나 그 때와 지금은 차원이 다르다. 현실성에 있어서도 큰 거리가 있었다.

그 때의 그것은 꿈 같은 것이었으며 지금의 그것은 대낮에도 당당하게 광자체光子體의 자신이 말을 하고 있는 것이었다.

반성의 명상을 거듭함에 따라 차례차례로 일어나는 불가사의한 현상에 대해서 고타마는 감격하지 않을 수 없었다. 범천계(브라흐마로카ब्रह्मालोक)의 아름다움은 말이나 글로 표현할 수 없었다.

몇 명의 천녀들의 기품과 세련된 동작은 지상의 그것과는 비교가 되지 않았다. 피부는 눈처럼 희고 눈동자는 보석처럼 빛났으며 시종 미소짓고 있었다. 남녀의 복장은 저마다 달랐으나 이화감異和感은 전혀 없었으며 자유로운 조화가 자연스럽게 융화되고 있었다.

동물과 새들까지도 설법을 듣고 있어 고타마도 아연 놀라지 않을 수 없었다. 이승과는 달리 보살핌과 신뢰, 책임과 거짓 없는 마음이 인간과 동물을 구별없이 서로 상통시키기 때문이다.

고타마는 육체의 자신으로 돌아와서 장차 자신이 돌아갈 사후의 고향이 범천계(브라흐마로카ब्रह्मालोक)라는 사실을 분명하게 알았다.

동시에 육체에서 이탈한 또 한 사람의 자신을 확실하게 인식할 수 있었으며 육체는 어디까지나 인생항로를 건너는 배에 지나지 않으며, 영혼의 자신이야말로 영원한 생명체라는 것을 새삼 가슴 깊이 새겼다.

그런데 그 위대한 영혼이라 할지라도 일단 육체의 배를 타게 되면 그 인간은 거의 다 장님이 되어 잘못된 인생을 걷곤 한다.

## §정법 유포의 길

육체주肉體舟는 부모의 인연에 의해서 만들어진다.

이 인연은 곧 본능의 힘이며, 이 지상계에 적합한 육체의 배를 계속 보존해 갈 수 있도록 신으로부터 부여받은 능력이다.

육체주肉體舟는 이를테면 영혼의 일시적인 지상의 옷이라고 할 수 있다.

그러므로 죽음은 지상계에서의 탈의脫衣를 의미하며 탄생은 영혼과 육체의 합일체를 의미한다.

영혼의 조상과 육체 조상과의 인연에 의해서 현재의 고타마 싯다르타가 존재하는 것이었다.

영혼의 조상을 알게 되면 전세, 과거세를 기억해 낼 수 있다.

전세에는 어디에서 무슨 일을 하였던가. 그리고 과거세는 어느 나라에서 어떻게 인생을 보냈던가 등이 영화를 보듯 분명해진다.

말하자면 생명의 전생윤회의 모습이 고스란히 잠재의식층에 녹화되었다가 그대로 다시 재생되어 보이는 것이다.

고타마는 자신의 전세, 과거세를 더듬어 갔다.

고타마가 출가하게 된 가장 큰 동기는 고타마를 낳은 지 일주일 만에 타계한 어머니 마야 때문이었다.

영혼의 조상을 회상하는 한편 육체배를 부여해 준 어머니 마야의 소재를 찾아보았다. 금방 찾을 수 있었다.

마야는 보살계菩薩界에 살고 있었다. 성장한 고타마의 모습을 본

　마야는 고타마의 훌륭한 성도成道를 눈물을 흘리면서 반가워했고 그 전도前途(앞으로 나아갈 길)를 마음으로 축하해 주었다.

　육체배에 사로잡혀 지위나 명예, 욕망에 눈이 어두워지면 지옥계에 떨어져 준엄한 영혼의 수행을 다시 되풀이하지 않으면 안 된다.

　많은 중생은 집착과 육체배에 사로잡힌 생활로 말미암아 소중한 인생을 실패로 끝낸다.

　그래서 전생윤회의 과정은 전진과 후퇴의 반복이며 마음의 진화는 도무지 달성되지 않고 있다.

　한 치 앞을 내다볼 수 없는 이 현상계의 캄캄한 장님 같은 처지를 생각하면 별 도리가 없는 일이라고 할지 모르나 참으로 애달프고 슬픈 것이 인간이라고 하지 않을 수 없다.

　다행히 고타마는 영혼과 육체, 생명의 전생, 영원한 윤회, 그리고 인생의 목적과 사명이라는 것을 마음과 육체 두 가지 면을 통해서 송두리째 깨달을 수 있었다.

　이 소중한 보배를 중생에게 전달하지 않으면 아몬이 다그친 것처럼 깨달음의 의미가 상실된다.

　육체에 집을 짓는 독충은 마라, 아수라, 긴나라, 마고라, 나가 등이며 이러한 악령들이라도 자비에는 이길 수 없다는 것을 고타마는 알았다.

　많은 중생이 지상계에 태어나면 악에 물들어 저승에 돌아가서는 참혹한 지옥의 수행을 거친 후에야 다시 깨끗한 마음이 된다.

그런 다음 현상계에 태어나면 또 다시 악에 물드는 것도 그 근원을 따지면 인간의 마음에 집을 짓는 마라나 아수라의 짓이다.

따라서 이런 사실을 중생에게 알려서 자비심이 얼마나 소중하며 위대하다는 것을 깨닫게 하지 않으면 안 된다.

이 지상계는 빛과 어둠이 대조를 이루는 곳이다.

그러므로 선善을 알고 악惡을 구별할 수 있다.

빛 일색이면 빛도 모르게 될 것이다.

하물며 어둠은 볼 수도 없다.

빛과 어둠의 양면을 경험함으로써 진정한 마음의 밝음을 깨달을 수 있게 된다.

지상의 불국토는 이러한 경험을 통해서 비로소 달성될 수 있는 것이다. 그러나 인간이 이 이치를 인식하지 않는 한 진보할 수는 없다. 고타마는 이 깨달음의 중대함을 새삼스럽게 가슴 깊이 명심하였다.

우루벨라의 스무 하루 동안은 고타마의 인생을 180도 바꾸어 놓았다. 지나간 36년간의 경험과 인생을 이 짧은 동안에 엄청나게 바꾸어 놓고 말았다.

불안과 회의의 인생에 종지부를 찍었다.

악마에 이겼다.

생사를 초월할 수 있게 되었다.

언제라도 끌어낼 수 있는 지혜의 주머니를 손에 넣었다.

그 어떠한 것도 겁나지 않는 부동심不動心이 고타마를 든든하게 지탱하였다.

동쪽 하늘이 희뿌옇게 밝아왔다. 보리수 나무에 깃들인 새들이 지저귀기 시작했다. 붉은 해가 솟아올랐다. 붉게 타는 불덩어리 같은 그 속에는 범천계의 황금빛 태양이 환하게 그 모습을 드러내고 있었다.

고타마는 현실의 자신으로 돌아왔다.

"흐음, 도대체 이 정도正道를 누구에게 먼저 전해야 한단 말인가."

걱정이 앞섰다.

이 6년 동안에 만나서 알고 있는 사람도 적지 않게 있었다. 하지만 출가하던 당초에 만났던 수행자들이 대부분이어서 벌써 4~5년이나 지났으니 이쪽에서는 안다 해도 상대방은 잊어버렸을지도 모른다. 다만 카필라의 왕자 고타마 싯다르타의 출가는 당시의 인도에서는 일찍이 없었던 사건이라 대부분의 수행자들은 그 소문을 들어 알고 있었다. 왕자로서의 출가는 자이나교의 교조 라자 자이나도 그 무렵의 일이었지만 그 수는 극히 적었다.

그러므로 고타마의 이름은 널리 알려져 그의 말에 귀를 기울이지 않는 사람은 없을 것이었다. 그러자 고타마는 친근한 수행자의 얼굴 하나를 먼저 떠올렸다.

그 분은 다름아닌 아라라 카라마 선인仙人이었다.

6년 전 약 3개월 동안 입문한 적이 있었기 때문에 그의 사람됨을 익히 알고 있었다.

경치가 뛰어난 바이샬리 교외의 그의 수행장은 지금도 생생하게 기억에 살아 있다.

그 아름다운 풍경과 아라라 카라마 선인仙人을 만난 인상은 그 후 고타마의 마음 한 구석에 언제나 자리잡고 있었다.

아라라 카라마 선인은 학자仙人였다.

뿐만 아니라 마음이 깨끗한 현자이기도 했다.

3백 명 가까운 제자들은 그의 사상이나 학문보다는 그의 인품에 끌려 있었다. 고타마가 처음 입문하여 두 달쯤 지난 어느 날 그는 이렇게 말했다.

"나의 후계자로 공부해 주면 좋겠다.
나의 경험과 지식을 몽땅 당신에게 전해주고 싶다."

그러나 고타마는 그를 하직하였다. 이유는 그의 밑에서는 깨달을 수 없다는 판단이 섰기 때문이다. 후계자로 뽑힌다 하더라도 깨닫지 않고서는 출가의 뜻을 이룰 수 없다.

그런데 지금 이렇게 깨달음의 경지를 전달할 단계가 되니 맨 먼저 머리에 떠오르는 분이 아라라 카라마 선인仙人이었다.

고타마는 마음을 조화시켰다. 그러자 아라라 카라마 선인仙人이 있는 바이샬리의 마을이 선명하게 눈앞에 나타났다.

그리고 한때 고타마가 수행했던 아누푸리야 숲도 보였다.

수행장 근처를 샅샅이 살펴보았지만 그의 모습은 보이지 않았다.

6년 전의 그의 나이는 120세였다. 120세라고 하면 당시에도 드문 고령이었다.

절제와 온순한 인품이 장수를 누리게 한 요인이 되었을지 몰랐다.

　'도대체 그는 어디에 있을까...'

고타마가 이렇게 생각하자 브라흐만의 목소리가 들려왔다.

## §관자재력 觀自在力

"아라라 카라마 선인은 일 주일 전에 타계하여 지금 이 세
상[1]에 와 있습니다. 그의 제자들도 다른 수행장으로 뿔뿔
이 흩어져 버려 찾아도 헛수고가 될 것입니다."

브라흐만의 목소리는 바로 아몬의 것이었다. 고타마는 한동안 서
운한 마음에 사로잡혔다.

"고타마‥ 아니 붓다, 그대는 정도를 깨달아 이젠 붓다가
되었습니다. 우선 그대가 깨달은 그 불법을 전달해야 할 사
람은 6년 동안 고락苦樂을 함께한 코스타니야를 비롯한 다섯
사람의 크샤트리아들이 아니겠습니까. 다섯은 지금 미가다
야라는 곳에서 수행을 하고 있는데 그 곳으로 가 보세요."

붓다는 아몬의 말이 떨어지자 곧 눈을 감았다. 바라나시의 교외에
서 수도하고 있는 다섯 명의 모습이 붓다의 영시靈視 속에 나타났
다. 다섯은 저마다 적당한 장소에 자리잡고 골똘히 참선을 하고 있
었다.

"…으흠, 하고 있구나."

붓다는 아몬이 일러준 대로 다섯을 찾아나서기로 했다.

아몬은 고타마를 붓다라고 불렀다. 붓다란 신의 마음과 일체가 된

---

1) 저 세상에서 보면 이승은 저 세상이 되고 저승은 이 세상이 된다. 화자인 브라흐만
의 입장에서 말함.

관자재력觀自在力을 갖춘 사람을 말한다.

관자재력觀自在力이란 과거, 현재, 미래의 삼세를 꿰뚫어보는 초능력을 말한다. 사람의 전세, 과거세, 저승의 생활, 현재의 마음의 상태, 그리고 미래도를 손바닥처럼 환하게 볼 수 있다. 나아가 집단을 형성하고 있는 마을, 민족, 국가에 대해서도 과거, 현재, 미래를 개인의 일처럼 알 수 있다. 당시 인도에서는 이런 초능력을 아바로키티슈바라[1]라고 했다.

관자재력(아바로키티슈바라)은 보살이 되면서부터 그 능력이 갖추어진다. 현상 뒤에 숨은 실상을 볼 수 있다. 하지만 아직 그 범위는 좁다. 보살에도 단계가 있어서 그 위상이 올라갈수록 투시력, 이해력이 깊어지고 사물의 진실이 분명해지며 원인과 결과, 진짜와 가짜, 그리고 심오한 신리가 이해된다.

붓다의 관자재력은 이를테면 관자재력의 정점의 것이었고 그것은 바로 신의 능력에 버금가는 것이었기에 그런 명칭이 붙는다.

예수를 그리스도Christ라고 불렀다. 그리스도는 신리神理라는 뜻이다. 신리神理를 갖춘 예수는 그대로 신의 아들이며, 관자재력을 종횡으로 구사하여 중생을 이끌었다.

예수는 법륜에 대해서는 별로 설법하지 않았다. 마왕의 횡포가 너무나 심해서 중생의 마음이 야수처럼 거칠어져 있었으므로 '사랑'의 마음을 심어주는 것이 무엇보다도 시급한 문제였기 때문이다. 동시에 예수의 역할은 사랑을 펴는 일이었으며 불법 전체에 관한 것은 아니었다.

--------

1) 각주 10) 참조

불법과 자비에 관한 것은 고타마 붓다의 역할이었으며 그 분담은 어느 시대에 있어서나 변함이 없다.

바른법(정법)은 문증文證, 이증理證, 현증現證의 세 가지가 갖추어지지 않으면 안 된다. 법은 대자연을 기반으로 성립되기 때문에 이 세 가지의 증명은 붓다에 의해서 가능한 것이다.

문증文證이란 마음과 자연의 짜임새를 논리적으로 설명하는 것이고, 이증理證은 이것들의 과학적인 증명이며, 현증現證은 영적 현상의 실증實證이다.

이 3천 2백년 동안에 모세, 고타마, 예수의 세 사람이 현상계에 출생하여 저마다의 역할에 따라 그 사명을 다했다. 저마다의 사명을 세 가지 증명에 해당시켜 보면 고타마는 불법을 설했으므로 문증文證에, 많은 병든 중생을 구제한 예수는 이증理證에, 수많은 기적을 남긴 모세는 현증現證에 해당된다고 볼 수 있다. 물론 이 세가지 증명은 세 분이 다 동시에 해온 일이긴 하지만 개개의 사명과 역할을 굳이 나누어 본다면 이와 같은 분야로 구분할 수 있다. 불법은 고타마의 역할이며 그 역할에 눈 뜬 고타마는 이제 붓다답게 심오한 신리를 깨달았으므로 아몬은 고타마를 붓다라고 불렀던 것이다.

아몬을 비롯한 두 분의 브라흐만으로부터,

　"지상의 미망迷妄에 빠진 마음이 소용돌이치고 있습니다.
　인생의 목적과 사명이 무엇이며 인생의 가치관이 어디에 있
　는가를 깨우쳐서 일체의 고통에서 벗어나게 하는 것이 당신
　의 역할입니다…"

하고 설득당한 고타마, 즉 붓다는 대각大覺을 이룬 감회 깊은 우루
벨라의 숲을 떠날 준비를 서둘렀다.

준비래야 몇 가지 신변의 도구뿐이다. 동냥용 바리와 사슴 가죽체,
음료수가 든 대나무통, 그리고 얼마간의 식량, 이것이 붓다의 전재
산이었다. 그래서 길 떠날 채비를 한대야 고작 5분도 걸리지 않는
다. 모닥불의 뒷처리만 잘 하면 그것으로 끝난다.

붓다는 떠날 채비를 하고 나서 20여 일 동안 신세지고 정들었던
보리수 거목과 석별의 정을 나누었다. 그리고 네란자라 강가로 내
려가서 먼지와 때로 얼룩진 승의僧衣를 빨았다. 목욕도 했다. 붉게
작열하는 태양은 붓다의 젖은 몸뚱이를 금세 건조시켜 주었다. 나
무 그늘에 앉아 옷이 마르기를 기다렸다.

책상다리를 하고 강물을 내려다보고 있으니 퍼뜩 이런 생각이 들
었다. 만일 육지에 네란자라와 같은 강이 없다면 지상의 생명들은
어떻게 될 것인가. 초목도 짐승도 생명을 유지할 수가 없을 것이다.

강물은 인간의 육체에 비유하면 혈관에 해당된다. 강이나 혈관이
나 생명을 유지하는데 필요불가결한 것이다. 이날까지 목을 축이
고 목욕에 필요한 것으로만 여겨왔던 네란자라 강을 새삼스럽게 유
심히 바라보고 있으니 대자연의 세세細細 미미微微한 계획의 권능에
소스라치게 놀라지 않을 수 없었다.

갓 마른 승의는 깨끗하고 기분이 상쾌했다.

자, 이젠 출발이다.

몸과 마음은 상쾌했지만 무엇인가 긴장되는 한 구석이 있었다.

구하는 입장과 주는 입장은 그 처지가 전혀 다르기 때문이었다.

브라흐만과의 대화, 마라와의 대결, 우주즉아의 체험, 모두가 다 기상천외한 사건들뿐이었다. 이야기해 보아야 알아줄리 만무하리라는 불안감이 또 불쑥 고개를 쳐들었다.

이러한 불안감은 현실에 사로잡힌 자아에 있기 때문이었음을 알고 훌훌 집착을 버리고 나니 다시 안심安心의 자신으로 돌아왔다. 무슨 일이든 집착을 벗어던지고 정도正道에 따른 생활만 분명히 하면 원만하게 풀리는 것이었다.

붓다는 다시 한번 지난날을 되돌아보고 이력의 한 토막 한 토막을 훑어보았다. 금세에 태어나서 벌써 36년, 춘하추동의 4계절을 36회나 경험했으며 36회의 윤회를 지구와 함께 체험해 왔다.

이 36년 동안 눈에 비친 자연은 그대로 법法의 모습이었다.

그러한 그 자연은 동시에 인간의 지식과 의도가 지혜로 바뀌고, 의지가 대아大我로 승화하며, 정情의 마음이 우주대로 확대될 때 자연은 언제든지 그의 베일을 벗고 대화에 응해 온다는 것을 알았다.

자연은 마음을 표현하며 마음을 가르치고 있다.

춘하추동의 윤회의 법칙은 마음이라는 에너지에 의해서 움직이고 있다. 따라서 그 에너지 즉, 의식意識이, 그 본질인 자비와 사랑에 접근할 때 자연은 위대한 스승이 되고 친구가 되며 나아가 자기 자신이 되기도 한다. 인간이 자연의 마음을 알고 싶으면 먼저 어린이 같은 순진한 마음으로 돌아가야 한다.

슬픔과 기쁨을 함께할 수 있는 자비심, 대가를 바라지 않는 사랑의 마음을 가져야 한다.

자연은 언제나 그의 거대한 두 손을 벌리고 우리를 기다리고 있다. 거부하고 있는 것은 자연 쪽이 아니라 인간 쪽이다.

말을 해도 통하지 않고, 홍수가 덮쳤다 싶으면 여러 날 동안 가뭄이 계속되기도 한다. 의사意思도 감정도 없는 자연의 모습은 인간을 받아들이지 않는 비정한 면이 있어서 제멋대로 횡포를 부리는 것처럼 보이기도 한다. 그러나 일단 그의 마음에 접근해 보면 그러한 횡포의 원인과 결과가 어디에 있는가를 소상하게 알 수 있다.

신리神理의 교전敎典으로 예로부터 전해지고 있는 베다나 우파니샤드도 대자연의 이치와는 너무나 거리가 먼 것으로 변질되어 버렸다. 말하자면 인간의 지식와 의지가 가미되어 마음의 척도를 잃어버렸다. 인간은 응아 하고 태어나는 순간부터 업이라는 고뇌를 짊어지는 운명의 존재라고 착각하게 되었다.

사색에 잠겨 있는 붓다의 현재 심경은 거만도 아첨도 초조도 불안도 없었으며 일체의 집착에서 벗어난 대자연 그대로의 마음이었다. 하지만 그런 붓다 자신도 불과 몇 주일 전만 해도 인생의 마지막 낭떠러지까지 몰려 생과 사의 기로에 섰던 것이다. 참으로 엄청난 변신이 아닐 수 없었다. 과거세의 자신을 알게 되었고, 과거세에서 체험한 위대한 지혜를 언제 어디에서나 끌어낼 수 있게 된 지금의 입장에서 보니 그런 변화는 천만번 당연한 일이기도 했다.

더욱이 믿음직스러운 것은 비록 이승에 태어난 자신은 한 사람 고타마에 지나지 않지만 자신의 배후에는 여러 브라흐만의 협력이 있다는 사실이었다. 의식意識의 전파를 보내기만 하면 언제든지 해답

　과 가르침이 돌아왔다. 궁금한 것 필요한 것은 무엇이든지 다 알 수 있게 되었다. 이 이상 고마운 일이 어디 있겠는가.

　깨달음의 기쁨은 깨달은 자만이 알 수 있는 일이다.

　이승과 저승의 명암에 대해서는 고타마 자신이 그 누구보다도 잘 알고 있는 것인 만큼 지금 자신이 입고 있는 브라흐만의 명의 협력을 생각하니 눈시울이 뜨거워 졌다.

　정법이야말로 오랜 세월 찾아 헤맨 마음의 귀향지였다. 그 법은 바로 신의 마음에 따른 올바른 질서였던 것이다.

　그래서 그 질서를 마음 속에 확립시키는 길은 팔정도八正道라는 척도에 의존하는 생활이었으며, 그 척도에 의한 상념 행위가 온갖 업과 비뚤어진 성격을 수정해 주는 것이었다.

　인간은 누구나 태어날 때에는 둥글고 때묻지 않은 순백의 마음을 지닌다. 성장함에 따라 과거세의 윤회 도상에서 지은 업業(카르마)에 끌려 또다시 새 업業(카르마)을 짓게 되고 후천적인 새로운 성격을 형성해 간다.

　　"고타마, 그대가 중생을 제도하지 않으면 누가 한단 말인가.
　　중생의 마음에 법등 켜기를 중단할 수는 없다. 만일 법등이
　　꺼지면 세상은 종말이 된다."

　라고 하던 아몬의 말이 다시금 고타마의 마음을 잡아죄었다. 정법 유포의 책임감과 자각심이 고타마의 몸과 마음을 다시 한번 긴장시켰다.

## §우루벨라에서 미가다야로

네란자라 강의 수면에 햇빛이 눈부시게 반짝이고 있었다. 그 잘디 잔 빛살의 파편들은 흡사 밤하늘의 별처럼 명멸하였으며 길게 누워 있는 강은 짐승처럼 조용히 숨쉬고 있었다.

정든 우루벨라와도 이젠 이별이다. 나무 한 그루, 풀 한 포기, 새들과 사슴과도 이젠 기약없는 세월 동안 만나지 못한다. 짧은 시일이었지만 깨달음을 이룬 곳이었던 만큼 떠나고 싶지 않은 미련이 남기도 했다.

붓다는 성큼성큼 걷기 시작했다. 코스타니야들이 있는 미가디야를 향해서 네란자라 강둑을 따라 걸었다. 걸어가면서 문득 이런 생각이 들었다.

'브라흐만이 말했고 또 자기가 영시靈視로 본, 바라나시와 꼭같은 장소에 과연 다섯 명이 수행하고 있을까.'

그러자 마음 속에서 소리가 들려왔다.

"우루벨라의 숲을 나가 라자그리하의 마을로 가라. 라자그리하에서 동북쪽으로 방향을 잡고 산골짜기를 통과하면 마가다 국경의 갠지스강이 나오는데 그 강을 따라 서쪽으로 올라가면 캇시국에 이른다.
캇시국의 수도 바라나시에 가서 이시나파다를 찾으면 된다. 그 곳이 바로 네가 목표하는 미가다야다.
믿고 가 보아라. 결과를 보면 알게 될 것 아닌가."

"예, 예, 그리 해보겠습니다."

붓다는 혼잣말로 대답했다. 옆에서 보면 흡사 자문자답自問自答하고 있는 꼴이다. 브라흐만의 목소리는 붓다의 의식 속에서 들려온다. 그 목소리의 주인공은 모습도 그림자도 없다.

이젠 브라흐만의 목소리를 진솔하게 듣고 어린이처럼 고분고분 복종하는 마음이 되었다. 그토록 찾아 헤맨 진리가 너무나 가까운 자신의 마음속에 있었다는 사실을 다시금 되씹어 보았다.

무거운 발걸음을 이끌고 이리 저리 산중을 헤메다시피한 불과 얼마 전까지의 자신을 모습을 상기하니 실로 하늘과 땅 차이의 변화가 아닐 수 없다.

우루벨라에 처음 왔을 때의 고타마는 심신 공히 송장처럼 되어 있었다. 그런 그가 불과 한 달 남짓 해서 우루벨라를 떠나는 지금은 광명에 싸인 붓다가 되어 있지 않은가.

현상만을 보고 있으면 인간의 운명은 참으로 예측할 수 없는 일이다. 붓다의 마음은 청천백일靑天白日이었다. 티끌만한 집착도 미련도 없었다. 발걸음은 참새처럼 가벼웠다.

라자그리하 마을이 눈앞에 나타났다. 나무 그늘에서 한 숨 쉬고 있는데 두 사람의 사로몬修行者(수행자)이 붓다 옆에 자리잡고 앉았다.

"좋은 날씨입니다. 당신은 어디서 오셨습니까."

허물없이 물어왔다.

"우루벨라의 숲에서 수행하고 온 사람입니다."

하고 대답한 붓다는 다시 두 사람을 살펴보았다.

나이는 둘다 40 전후. 한쪽은 긴 무우상이고 다른 한쪽은 둥근 양
파상이다. 말을 건네온 쪽은 무우인데 입이 튀어나온 상판이 아무
래도 수다쟁이처럼 보였다. 기운이 넘치는 점으로 미루어 보니 수
도에는 별로 정진하고 있는 것 같지 않았다. 머리를 기르고 옷만 갈
아 입히면 영락없는 장사꾼이었다.

붓다는 이 두 사람에게 정도를 설법해 볼까 하는 마음이 움직였지
만 참았다.

　　"나는 바라문 출신이며 성도하기 위해서 그 어려운 육체고
　　행도 마다 않고 수행을 쌓고 있습니다만 앞길은 캄캄합니다.
　　출가해서 벌써 십수 년이 지나는 동안 마가다, 밧지, 캇시,
　　코살라 등 여러 나라를 돌아다녔습니다. 지금은 가야다나의
　　수도장으로 가는 중입니다."

얼굴이 긴 무우상이 말했다.

　　"…가야다나라고 하면 우루벨라 캇사파 성자가 있는 곳이
　　아닌가…"

붓다도 한때는 우루벨라 캇사파를 들어본 적이 있었다. 라자그리
하 성주 빔비사라왕으로부터 캇사파가 위대한 선인이라는 말을
들었기 때문이었다. 언젠가 인연이 닿으면 다시 만날 날이 있으

리라고 미루어 오면서 여태 찾아가 본 적이 없었다. 가야다나의 수도장으로 간다는 말을 듣고서는 새삼 그에게 친근감을 느꼈다.

"후이후이교의 수행을 하고 있습니까."

붓다가 물어 보았다.

"아니 그렇지 않습니다. 나의 스승과 그분의 가르침이 어떻게 다른가 알고 싶을 뿐입니다. 내 이름은 우파사라고 하며 산자 스승 밑에서 공부하고 있습니다.
화신火神의 공덕이 어디에 있는지 이 눈으로 직접 확인하고 싶습니다.
그런데 당신은 어떤 분을 스승으로 모시고 있습니까?"

하고 붓다의 얼굴을 들여다 보았다.

"나에겐 스승이 없습니다.
굳이 말하자면 제 자신이 스승이라고 볼 수 있습니다.
일체의 괴로움은 자신의 마음과 행동이 만들어 내는 것인데, 육체를 학대함으로써 마음속에 일어나는 번뇌를 멸할 수는 없는 일입니다. 나는 일체의 집착에서 떠나 깨달음을 얻을 수 있었습니다. 나는 인생의 승리자이며 그 누구도 스승으로 받들 만한 사람은 없습니다."

붓다의 어깨엔 어느새 힘이 좀 들어갔다. 말투도 딱딱했으며 붓다 자신도 부자연스럽고 서툰 짓이었다는 생각이 들었다.

우파사의 옆에 앉아 있던 양파상이 붓다의 말에 어처구니가 없다는 듯 상체를 뒤로 젖히고 붓다의 얼굴을 뚫어지게 건너다 보았다.

　　"아 그럴 수도 있겠군요. 그럴 수도 있죠..."

하면서 우파사를 재촉하여 붓다가 방금 왔던 길을 총총걸음으로 떠나버렸다.

화술은 간단한 것 같지만 어렵다.

생각한 것을 그대로 말해 버리면 상대방을 당황하게 한다.

상대방의 입장을 살피고 상대방에게 생각할 여유를 주면서 이야기해야 올바른 화술이라고 볼 수 있다.

　　"좀더 상대방의 마음이 되어 이야기했어야 좋았겠구나."

하고 뉘우쳤다.

이 기회를 어떻게 해서라도 놓치지 않고 정법을 가르쳐야 하겠다는 조급한 마음이 일을 그르치고 말았다.

자신의 깨달음의 경지를 서툴게 내뱉어 버렸던 것이다.

그것이 반작용을 불러일으켜 듣는 귀를 오히려 막아버린 결과를 가져왔다.

붓다는 자신의 마음속 어딘가에 아직도 왕자로서의 자존심이나 아니면 깨달음에 대한 자기만족과 자만심의 잔영이 남아 있어서 그것이 실패의 원인이 되었을 성싶기도 했다.

앞으로는 말을 조심해서 어디까지나 상대방의 입장에서 이야기 해야겠다고 뉘우쳤다.

　'익을수록 고개를 숙이는 벼이삭…'

자연은 말이 없다.

말이 없지만 자연은 진리를 몸으로 가르치고 있다.

깨달았다 하여 남을 깔보는 일은 없어야 한다.

겸손함이란 자신을 일부러 낮추는 행위가 아니다.

속이 충실해지고 그 충실함이 넓고 깊어질수록 만생만물을 살려 나가는 자비심이 우주처럼 커지는 그것이 바로 겸손이 아니겠는가.

　"우주즉아宇宙卽我"

이것이야말로 붓다의 마음인 것이다.

그런데 육체의 자신으로 돌아오면 눈 앞의 조그마한 일에 그만 마음이 빼앗긴다.

깨달음은 자기 개인의 문제에 국한된 것이다.

그러나 앞으로는 자신의 몸을 던져 중생을 상대하지 않으면 안 된다.

아무리 어리고 작은 아이라 할지라도 얕잡아 보아서는 안 된다. 그 어린아이가 장차 어른이 되어 때가 되면 대왕이 되어 미로에 빠진 인간을 구하는 구세주가 될지 모른다.

불을 비유로 들어도 같은 말을 할 수 있다. 작은 불을 얕잡아 소홀히 하면 라자그리하의 마을도 이 숲도 순식간에 초토화시킬 수 있다.

'서둘러서는 안 된다. 조급한 마음을 버리고 유행遊行을 즐기면서 천천히 나아가야 한다.'

붓다는 스스로 다짐하였다.

## §이시나바다에서의 불가사의

붓다의 여행은 계속되었다.

과실을 씹고 탁발을 하면서 동굴과 바위산을 거처로 삼고 노숙을 거듭했다. 몇 번인가 수도승과도 마주쳤다. 수도승을 만날 때마다 수년 전의 자신을 보는 것 같아 가엾고 딱한 생각이 들기도 했다.

삼복 더위를 아랑곳하지 않고 한 사로몬이 뜨거운 바위 위에 앉아 필사의 얼굴로 좌선을 하고 있다. 좌선의 목적은 깨닫기 위한 것인가, 아니면 육체의 한계에 도전하기 위한 것인가. 그 혹독한 육체 고행에는 머리가 숙여질 지경이었다.

그러나 '꼭 이렇게 해야한다'는 완고한 아집을 버리지 않는 한 깨달음에 이르기는 어렵다. 극심한 육체고행은 오히려 번뇌를 불러일으켜 육체의 포로가 될 뿐이다.

붓다는 그 사로몬에게 말을 건네려고 멈추어 섰지만, 지금은 그에게 중도中道를 설법해 보아야 이해할 리 만무하리라는 생각이 들어 그대로 지나가 버렸다.

라자그리하의 마을에 당도했다. 6년 전의 모습 그대로였다.

많은 사로몬들이 몰려 예나 다름없이 육체고행에 열중하고 있었다. 육체의 고통을 극복하여 견성하겠다고 모두들 필사적이었다. 어느 집단의 주변에는 요기마저 서려 있었다.

황금빛이나, 녹색, 자색 등의 조화를 띤 슈라마나(사로몬)는 한 사람도 없었다.

육안으로서는 그들의 몸에서 피어오르는 정기精氣를 볼 수 없다. 이를테면 제 3의 눈, 심안心眼을 통해서 그 색채를 똑똑하게 영시靈視할 수 있을 뿐이다.

육체에서 발산되는 정기精氣의 색채는 그대로 그 사람의 마음 상태를 나타낸다. 노여움, 질투, 욕망, 불평… 등 이러한 마음이 지배하면 적색, 흑색, 회색이 나타난다.

반대로 자비와 사랑의 마음, 자아 욕망이 적은 사람에게는 녹색 혹은 자색이 발산된다.

따라서 마음의 상태는 심안心眼이 열린 사람 앞에서는 절대로 속일 수 없다. 정기精氣의 색채는 그대로 저 세상을 통해서 반영된다. 그래서 그 색채에 해당하는 저 세상의 마왕, 지옥령, 동물령을 불러들이게 되며 여러 가지 현상으로 나타난다.

괴벽, 비상식, 질병, 사고, 자살 등은 저 세상의 지옥의 거주자들의 작용에 의해서 일어나는 현상이다.

아름답고 평안이 깃든 녹색, 황금색(이 세상의 황금색과는 다소 다르다)이 되면 저 세상의 천사가 이끌어 주기 때문에 안심입명의 생활을 누릴 수 있다.

육체고행에 몰두하고 있는 사로몬들의 등뒤에는 마왕이나 동물령이 들락날락하고 있었다.

사로몬들은 서로 상대방에게 지지 않으려고 필사적으로 고통을 견디고 있었다. 마음속에 자리잡고 있는 딱딱한 응어리를 제거할 줄 모르고 그저 고행만 쌓으면 초능력을 이룰 수 있다고 믿고 있다.

초능력이라고 하는 것은 이를테면 정법 실천을 위한 한 방편에 지나지 않으며 원래 그것이 목적이 될 수 없다.

그런데도 사로몬들은 목적과 방편을 잘못 알고 초능력을 갈구하는 자가 많았다.

따라서 그들의 수도장은 육안으로 보아도 이상야릇한 광경이 많았으며 심안으로 보면 동물령이나 귀신들이 붙어서 그들의 고행을 부채질하고 있는 것을 알 수 있었다.

수행장의 요기妖氣는 그들의 집착과 눈에 보이지 않는 지옥령들이 만들어 내는 영위기靈圍氣였다.

붓다는 처음 그들 중 하나를 붙들고 육체고행이 깨달음과는 거리가 먼 무익한 짓이라는 것을 가르쳐줄까 하는 생각이 들기도 했다. 그러나 앞서 길거리에서 만난 사로몬과 마찬가지로 듣겠다는 마음이 없는 귀머거리에 대고 아무리 이야기해 보아야 그것은 헛수고가 될 뿐이다.

인연이 없는 자에게는 시간의 경과가 필요하다.

이것은 또한 구도자에게도 해당되는 말이다. 일찍부터 정법을 배워 이것저것 지식으로 알고는 있어도 실천이 따르지 않는 사람은 언제까지나 깨달을 수 없다.

정법은 믿음과 실행이란 두 개의 수레바퀴 위에서 굴러가는 것이다. 믿음이 섰으면 우선 실천해야 한다. 실천하면 여러 가지 문제에 부딪혀 의문이 생긴다.

의문은 실천하는 자에게 반드시 풀릴 수 있도록 틀이 짜여져 있다.

의문이 풀리면 이해는 더욱 깊어지고 신심도 그만큼 커진다. 이와 같이 믿음과 실천은 그 깊이와 폭을 넓혀 안심의 깨달음으로 인도하는 수레가 된다.

붓다는 수행장을 지나면서,

'언젠가는 이 곳에 다시 와서 정도를 설법하리라.'

하고 다짐했다. 라자그리하의 북문을 나선 붓다는 곧장 날란다고 향했다.

날란다 마을에는 사잔이라고 하는 입씨름 좋아하는 사로몬이 있다. 웬만한 자는 모두 그의 이론에 굴복당한다. 붓다는 이미 소문으로 듣고 알고 있었지만 만나게 되어도 논쟁은 피하리라고 마음 먹었다. 다행히 그런 조우도 없이 날란다를 빠져나와 일로 북상의 발걸음을 재촉했다.

파다리가마에 도착하니 강을 사이에 두고 건너편에 바이샬리 마을이 나타났다.

바이샬리는 그리운 마을이다. 지난날엔 곧잘 이 마을에 놀러왔었다. 상점들도 거리 모습도 그 옛날과 별로 다름이 없다. 동냥질을 하면서 누구의 간섭도 구속도 받지 않고 유행遊行하는 것보다 더 즐거운 일은 없다. 마주치는 주민들의 생활에 찌든 모습들은 고타마를 그 옛날로 데려다 주었다.

옛날로 돌아가니 발걸음도 가벼워졌고 얼굴의 긴장도 풀렸다. 하지만 한참 지나니 그 여유만만하던 유행遊行의 기분은 싹 가셨다.

 깨닫기 전 그 때에는 깨달음을 위한 목적이 있었다. 그런데 지금의 붓다는 그 때의 고타마가 아니었다.

 이젠 깨달음을 이루고 다섯 사람을 귀의시키러 가는 중책의 몸이 아닌가. 유행遊行의 게으른 즐거움에서 깨어나,

> '이래서 되는 일일까,
> 지금의 나는 인생을 도피하고 있는 것은 아닐까.'

 하는 생각이 붓다의 가슴을 스쳤다.

 사회는 분업分業의 형태를 갖추고 유지되고 있다. 놀고 먹는 것을 용서하지 않는다. 농민은 야채와 쌀을 생산한다. 상인은 상품을 팔면서 생활한다. 저마다 일터를 가지고 올바르게 땀 흘리고 있는 것이 사회생활의 기본적 법칙이다.

 상인이나 공업인 위정자들이 욕심에 눈이 어두워 올바르게 직분을 수행하지 않거나 게으름뱅이가 많아지면 사회의 조화는 무너지고 빈부의 차가 심해진다.

 생산을 높이는 것만이 능사가 아니며 이익의 독점은 가장 큰 폐단을 불러일으킨다. 또한 의사는 환자를 고치고 법률가는 사회질서를 지키기 위한 보루다.

 붓다의 지금의 입장은 어떠한 것인가.

 정법에서 이탈하여 저변에서 신음하는 중생을 제도해야 하는 중대한 사명을 짊지고 있지 않은가. 그 임무는 바로 사회생활을 중도中道라고 하는 궤도에 올려놓는 가장 근본적인 문제인 것이다.

붓다의 일은 중생의 탈선을 정도에 올려놓는 신리神理의 전달이며 결코 유행遊行 그 자체에 마음이 빼앗겨 해이해져서는 안 될 일이었다.

팔정도八正道의 목적은 인간이 만들어 낸 물질문명과 그에 수반되는 지위·명예·재산에 있는 것이 아니라 조화라고 하는 중도中道에 입각한 불국토, 즉 유토피아의 건설에 있는 것이다.

인생의 가치는 주어진 직장과 환경을 통해서 조화라는 신의 마음을 얼마나 구현하며 영혼의 진화에 얼마만큼 공헌하는가에 달렸다. 따라서 직장이나 환경은 어디까지나 영혼의 진화를 위한 수단에 지나지 않는 것인 만큼 여기에 빠져서는 안 된다.

붓다에겐 미망에 빠진 중생을 건져야 하는 중대한 역할이 맡겨져 있다. 그 임무를 수행하기 위해서는 마음에 구름이 끼어서도 안 되며 언제나 둥글고 따스하고 진솔한 마음을 지니고 있어야 했다.

붓다는 여기에 생각이 미치자 현재의 상념과 행위는 결코 도피나 자기만족이 아니라 주어진 사명의 중대성 앞에서 용솟음치는 용기요, 자신임을 알았다.

붓다의 여행은 계속되었다.

파다리가마에서 캇시 국으로 산천초목을 벗삼고 마침내 바라나시에 도착했다.

## §최초의 제자

바라나시는 상공업이 발달한 도시였다. 인구 약 10만 명, 지금의 도시들에 비하면 형편없는 것이지만 당시로서는 대단히 번창한 도시였다.

집은 주로 흙집이었으며 옹기종기 밀집되어 있었다. 도시에서 한 발자국 교외에 나서면 들판이 펼쳐져 숲으로 이어진다. 흙집은 창문이 작았기 때문에 집안은 어둡지만 더위와 먼지를 막는 데는 목조집보다 안전하고 훌륭했다.

도로 양편에 줄지어 선 노점상들이 저자를 이루어 사람의 왕래가 불편할 경우도 있었다. 온갖 일용품이 진열되어 손님의 발걸음을 멈추게 했다.

그 중에서도 비단 제품은 가장 인기있는 거래품이었다. 붓다의 어린 시절의 의복도 거의가 다 캇시(바라나시)산의 비단옷이었다.

바라나시에는 예로부터 정통파의 바라문이 많았으며 거리에서는 흔히 그들을 만날 수 있었다. 그들은 최상품의 비단옷을 몸에 걸치고 거리를 유유히 활보하고 있었다. 그들의 행차 앞에 사람들은 누구랄 것 없이 길을 비켰다. 바라문에 대해서는 크샤트리아도 상공업자도 시민들도 특별 예우를 바쳤다. 바라문은 특권계급이었다.

붓다는 그런 거리를 묵묵히 걸어갔다. 누가 보아도 겉모양은 바로 거지였다. 의복은 비바람에 낡아 땀과 먼지로 얼룩졌다. 들판에 눕고 동굴에 기대었으며 작열하는 햇빛에 그을려 소매는 떨어져 팔목의 속살이 드러났다. 적당한 길이에서 자른 머리칼은 쑥밭이고 가끔 밀긴 하였으나 턱수염은 자랄 만큼 자랐다. 사로몬인지 거지인지 그 초라한 행색으로는 얼른 구별이 서지 않는다.

여느 거지와 다른 점이 있다면 안정된 눈빛과 침착한 발걸음이었다. 성큼성큼 한눈도 팔지 않고 걸어간다. 누더기를 걸친 물체가 사람들의 주목도 받지 않고 지나가는 모습은 범부를 초월한 신선의 거동을 연상시켰다.

현재의 붓다에게는 아첨도 꾸밈도 우월감도 열등감도 없었다.

오로지 팔정도八正道를 마음의 척도로 삼아 보고 생각하며 말할 따름이었다.

일각 일각으로 지나가는 시간의 흐름 속에서 정도를 척도로 한 붓다의 사념과 행위에는 순간의 오차도 빈틈도 없었다.

목적지인 미가다야는 바라나시의 교외에 있었다.

바이샬리의 교외 아누푸리야의 숲과는 달리 미가다야의 수행장에는 여러 종족의 출신자들이 모여 도를 닦고 있었다. 그들은 제각기 나름대로의 방식에 따라 육체 중심의 고행에 열중하고 있었다.

당시의 수행은 거의가 육체고행이었다.

오늘날과 같은 타력신앙의 모습은 아니었다. 따라서 그런 의미에서는 자력이었으며 신을 구하는 인간의 갈망은 그 열도가 극점에 이르렀다고도 할 수 있다.

되풀이되는 싸움, 안주의 생활은 찾으려야 찾을 수 없었던 당시의 사회상이 그 한 가지 원인이었다고 볼 수 있다.

하지만 그보다는 당시의 사람들이 현대인보다 훨씬 더 진솔하고 지순했다는 것이 더 큰 원인이었다.

도시인의 마음과 시골 사람들의 마음을 비교해 보아도 때묻지 않은 그 소박한 감정은 차이가 크다. 당시와 현대를 비교해 보아도 그만한 차이가 있다.

비록 육체고행은 잘못이었지만 몸을 희생하면서까지 신을 갈구한 그 노력은 그런 만큼의 높은 평가를 받을 만한 것이기도 하다.

그런데 현대는 어떤가.

불교는 타력이 되었으며 그 타력신앙도 대중의 마음과 야합한 현세 이익에 빠져 버렸다

사찰은 관광의 대상이 되었으며 불당은 죽은 사람을 장사하는 장의사 노릇을 하고 있다.

자력도 타력도 이름 뿐이며 마음을 상실한 물질 문명이 판을 치는 말법시대로 전락하고 말았다.

무엇 때문에 일하며 무엇을 어떻게 하겠다는 것인가.

물질의 노예가 되어 밤낮 없이 인간은 몽유병자처럼 헤매고 있다. 슬프다기보다는 올 때까지 와 버렸다는 절망감이 든다.

인간이 마음을 상실하면 남은 길은 오직 하나뿐이다. 지옥의 늪 속으로 빠지는 길밖에 더 있겠는가…

미가다야의 기후와 풍토는 온화하여 햇살은 부드러웠다. 밀림이나 습지대도 없었으며 따라서 짐승들의 출몰도 적었다.

수행자는 동굴이나 바위, 거목 등을 찾을 필요도 없었으며 풀밭이나 평지에서도 안심하고 참선을 할 수 있었다.

카필라 시절에 상인과 크샤트리아들로부터 익히 들어 알고는 있었지만 막상 미가다야의 땅을 밟아 보는 것은 처음이었다.

듣던 그대로의 지방색이 강한 곳이었다.

코스타니야들의 수행장은 근처에 있었다. 그들이 지금 무엇을 생각하며 어떻게 수행하고 있는지 붓다는 환하게 알고 있었다.

바라나시 도시에서 탁발을 하면서 이틀을 보냈다.

그 이틀 동안에 밤마다 선정삼매에서 그들 다섯의 모습을 보았으며 마음의 동향에 대해서는 브라흐만으로부터 들어 알고 있었다.

미가다야의 수행장 한가운데는 아름다운 냇물이 흐르고 있다. 그 맑은 물에는 언덕의 초록이 선명한 그림자를 드리우고 있다. 코스타니야들은 강둑에서 얼마 떨어지지 않은 모래밭과 잡초밭이 깔린 숲속에 있었다.

붓다는 한참 동안 그들의 거동을 살펴본 다음 다가갔다.

코스타니야는 붓다의 얼굴을 보자 흠칫 놀라는 표정이었으나 이내 고개를 돌려 밧데야와 뭔가 귀엣말로 속닥거렸다. 붓다는 그들 뒤에 서서,

"오랜만이구나, 너희들을 찾아 이제야 만나게 됐구나."

하고 말을 건넸다. 그런데 코스타니야는 물론 누구 하나 붓다의 말에 대꾸하지 않는다. 그들은 붓다가 먼 길을 찾아온 목적도 알 리 없

었으며 아직도 붓다를 좋지 않게 여기고 있었다.

    "코스타니야, 너는 내 말이 들릴 터이다.
    내 얼굴을 보아라.
    나는 마침내 붓다가 되었다.
    깨달음을 얻어 슈바라가 되었다.
    너희들의 수행은 극단적이다.
    번뇌를 멸하려고 육체고행을 하고 있으나 육체고행은 오히려 육체에 대한 집착심을 가중시켜 자신을 잃게 할 뿐이다…"

여기까지 붓다가 말하자,

    "당신은 이젠 우리의 스승도 왕자도 아니다.
    우리는 수행자다. 슈라마나다.
    타락한 자와 이야기를 나누는 것조차 수치스럽다.
    다른 곳으로 가는 것이 좋겠다."

코스타니야는 붓다의 말에 아예 상대도 하지 않는다.

    "코스타니야, 내 얼굴을 보고 이야기하여라.
    어제의 고타마 싯다르타가 아니란다.
    너는 조금 전에 아사지들에게 '고타마가 왔다, 혼자 수행하는 것이 겁이 나서 우리들 한테로 왔다, 아무도 상대하지 말아라, 우리들은 이제 카필라성의 크샤트리아가 아니다'라고 말했다.

'스승도 왕자도 아니다, 고타마의 신변을 돌볼 까닭은 눈
곱만큼도 없다'라고 말했다.
　그렇지 않은가, 밧데야, 그렇게 말했지 않은가."

"예옛, 그렇게 말했습니다."

　아사지와 밧데야가 동시에 그렇게 대답하고 붓다의 얼굴을 쳐
다보았다. 왕초격인 코스타니야도 말문이 막혀 고개를 숙이고 말
았다.

"나는 슈바라다.
　너희들의 마음속이며 오늘날까지의 행적도 다 알고 있다.
　우루벨라를 떠날 때에는 '다른 곳으로 가서 수행하자, 슈
바라가 되기 위해서'라고 다짐했지만 너희들의 지금의 심
중엔 커다란 의문 덩어리가 자리를 잡고 난관에 부닥쳐
있다. 깨달았다면 너희들은 내 마음속을 읽을 수 있어야
하지 않은가.
　어떤가? 코스타니야, 너의 얼굴에는 평화가 없구나. 마음
은 다만 불안으로 가득 차 있다. 왜 그럴까…?"

　붓다의 말은 코스타니야의 마음을 꼼짝 못하게 사로잡고 말았
다. 반발하고 싶어도 이쪽 마음을 꼭 쥐고 있으니 어찌 할 수가
없었다. 또한 붓다의 위엄 있는 말은 이전의 고타마가 아니었다.
6년 동안이나 갈구해 온 하늘이 내려준 스승을 이제야 겨우 만났
다는 느낌이 코스타니야의 가슴 속에서 솟았다. 천성으로 완고한

그의 마음도 어느새 순진한 어린이처럼 순화되어 있었다.

"고타마님, 참으로 잘못했습니다.
수행을 포기하고 타락한 것으로만 생각했던 것입니다.
이 무례를 용서해 주십시오."

코스타니야는 이렇게 사과하는 것이 고작이었다. 그리고 붓다
의 얼굴을 쳐다보았다.

"아니 아니, 코스타니야, 사과할 필요는 없다.
너희들이 내 곁을 떠났기 때문에 나는 마음을 가다듬고
나 자신을 확실하게 바로잡을 수가 있었다.
6년 동안 함께한 수행은 가혹한 육체고행의 연속 뿐이었
다. 그런 수행을 계속하고 있었다면 나의 육체는 영양을
잃고 쓰러지고 말았을 것이다.
육체가 있음으로써 비로소 깨달을 수 있는 것이다.
나는 우루벨라의 그 목장 아가씨의 노래를 듣고 그 때까
지의 육체고행의 잘못을 발견할 수 있었다.
한쪽으로 치우친 사고방식과 행동을 바로잡고 중도에 따
른 생활이야말로 정법에 다름 아니며 깨달음을 얻을 수
있는 유일한 길이라는 것을 알게 되었다.
나는 이제 너희들의 마음도 자유자재로 읽을 수 있다.
어찌 그 뿐인가. 너희들의 과거, 현재, 미래도 꿰뚫어볼
수 있다. 슈바라가 된 것이다.
코스타니야, 마음과 행동을 중도에 정립시켜 올바르게 생

활하지 않으면 안 된다. 너희들은 아직도 나를 반신반의
하고 있는데 진솔한 마음이 무엇보다도 중요하다.”

붓다는 차근차근 설법을 풀어나갔다.

아사지도 밧데야도 붓다의 말을 듣고 나서는 그 때까지의 수행
의 잘못을 깨닫고 고개를 크게 끄덕였다.

그러나 코스타니야는 붓다가 지적한 대로 마음 어딘가에 아직
도 반신반의하는 구석이 있었다.

“지적하신 대로 저는 아직도 납득이 안 갑니다.
고타마님은 얼마 전까지만 해도 평범한 한낱 수행자에 지
나지 않았습니다.
그런 고타마님이 어째서 이렇게 갑자기 변화할 수 있단
말입니까.
저는 고타마님과 헤어진 후의 수십일 간의 공백을 어떻게
이해해야 할지 모르겠습니다.
그러나 지금의 고타마님의 눈부신 신관과 남의 마음을 속
속들이 꿰뚫어보시는 그 신통력은 바로 제가 찾아 헤맨
신의 마음이 아닌가 싶습니다.
아무튼 지금의 고타마님은 지난 날의 고타마님과는 판이
하게 다르십니다.
저의 마음은 이제야 평안을 찾은 것 같습니다.
이렇게 신기하게 마음이 평안해 본 적은 처음입니다.
부디 저를 인도해 주시기 바랍니다. 부탁드립니다.”

코스타니야는 겨우 이렇게 말하고 난 뒤 두세 발자국 뒤로 물러
섰다. 그리고 그 덩치 큰 몸을 잔디밭 위에 엎드렸다가 다시 붓다
의 둘레를 세 바퀴 돈 다음 붓다의 발밑에 넙죽 엎드리는 것이었
다. 이것을 본 다른 네 사람도 코스타니야처럼 붓다에 귀의하는
상례를 드렸다.

이렇게 해서 다섯 명의 제자가 탄생하였다.

브라흐만이 일러준 대로 바라나시에서 미가다야의 땅을 밟고
다섯 명의 크샤트리아를 만나자 그들은 모두 붓다의 최초의 제자
가 됐다.

　　“... 아무 말도 하지 말고 그저 믿고 가 볼 일이다.”

라고 한 아몬의 말이 머리에 떠올랐다.

출가한 지 6년, 생각하면 길고도 짧은 시간이었다.

그 동안 다섯 사람과 고락을 함께하였으며 비록 사제지간이라
고는 하였으나 그것은 카필라 성의 연장에 지나지 않았으며 진정
한 마음의 사제는 아니었다.

그러나 지금의 관계는 분명히 마음의 사제이며 그 관계는 목적
을 함께하는 것인 만큼 무엇과도 바꿀 수 없는 굵고 튼튼한 인연
의 실로 결속된 것이라고 붓다는 생각하였다.

## §광명에의 개안開眼

아바로키티슈바라는 관자재력觀自在力이라는 뜻이다.

자기 자신 이외에는 그 누구도 모르는 마음의 비밀, 혼자 생각하고 있는 것까지도 이 관자재觀自在의 능력 앞에서는 눈곱만큼도 숨길 수 없게 된다.

자신의 마음을 자신이 들여다보고 있는 것과 같다. 아니 그 이상의 미세한 부분까지 일목요연하게 알아버린다.

관자재력觀自在力은 인간의 표면의식과 잠재의식의 상통으로 얻어지는 것이지만 결코 거기에 멈추지 않는다. 놀라운 것은 영혼의 전생윤회의 과정에서 키워지고 축적된 능력을 발휘할 수 있다는 사실이다.

일반적으로 관자재력觀自在力을 지닌 사람을 관자재보살이라고 말하는데 석가의 관자재력觀自在力은 그 정점의 것이다.

그래서 이름하여 붓다라고 한다. 붓다란 고대 인도말로서 신의 마음과 상통한 능력을 뜻한다. 불佛 혹은 불타佛陀라는 명칭은 중국으로 건너가서 붙여진 이름이다.

그런데 관자재력觀自在力에 대해서 회의를 품는 사람이 있는 것 같다. 그 능력이 전생윤회의 과정에서 축적된 것이라면 그런 과거세가 없는 자는 금생에서 아무리 정법을 실천해도 그 능력을 얻기가 불가능하지 않는가 하고 말이다. 물론 붓다의 마음을 깨닫기는 어려운 일임에 틀림없다. 그러나 관자재보살에 가까운 능력 즉, 아라한의 경지에 이르는 것은 누구나 가능한 일이다.

금생의 수양(마음의 상태)의 정도에 따라 수호령과 그 밖의 지도령이 배후에서 지도 교시해 주기 때문에, 경우에 따라서는 관자재와 같은 능력을 발휘할 수도 있다.

인간의 금생에서의 목적은 정법의 실천이다. 조화된 자기 자신을 우선 확립해야 한다. 관자재력觀自在力을 얻기 위해서가 아니다. 이 점을 혼동해서 잘못하면 목적과 수행의 갈피를 잡지 못하게 된다.

한편 코스타니야를 비롯한 다섯 명의 크샤트리아는 비로소 붓다의 설법을 듣겠다는 기근이 싹텄다. 인간의 마음을 순간적으로 읽어버리는 아바로키티 슈바라에 대해서는 바라문의 경전인 베다나 우파니샤드를 통해서 알고 있었기 때문이다.

그런데 코스타니야만은 여전히 고타마에 대해서 마음 한 구석에 납득이 안 가는 그늘이 있었다. 그 동안 정진해 온 자신의 수행 방법에는 잘못이 없다는 생각을 가지고 있었기 때문이다.

　　"고타마님은 우루벨라의 숲에서 수행자의 규율을 어기고
　　비린내나는 우유를 마셨으며 수행을 포기하였습니다.
　　그런데 지금은 슈바라의 경지에 이르렀습니다.
　　한편 저희들은 이렇게 엄격한 육체고행을 견디면서 수행
　　에 정진하고 있는데 어째서 슈바라가 되지 못합니까."

코스타니야는 붓다에게 고개를 숙이고 질문하였다. 말은 공손하지만 수행의 결과가 불공평하다는 생각이 들어 그의 마음은 흔들리고 있었다.

붓다는 코스타니야의 마음 속을 꿰뚫어보고 나머지 네 사람의
생각도 같다는 것을 읽은 다음,

　"너의 의문은 잘 알고 있다.
　나도 지난날엔 너와 같은 의문에 잠긴 적이 있었다.
　하지만 그 의문은 곧 풀릴 것이다. 만일 그 의문을 지금
　당장 알고 싶다면 나를 고타마라 부르지 마라.
　나는 이제 붓다가 되었다..."

하고 조용히 말했다.

　"예 예… 붓다….”

하고 자신에게 타이르듯 그 큰 몸집을 조그맣게 움츠려 대답했
다. 나머지 네 사람도 코스타니야처럼 땅바닥에 엎드려 '붓다'하
고 진심으로 불렀다.

저녁노을이 서쪽 하늘을 붉게 물들이고 있었다. 느릿느릿 흐르
는 강물에 석양빛 구름이 둥둥 떠내려가며 이제 밤이 다가옴을
알리고 있었다.

잠시 동안의 침묵을 깨고 붓다가 천천히 입을 열었다.

　"너희들은 한쪽으로 기울어진 생활을 계속해 왔다.
　미가다야의 수목들의 모습을 보아라.
　줄기가 굵으면 그 뿌리도 넓게 퍼져 있을 것이 아닌가.
　줄기에서는 가지가 나고 가지에서는 다시 실가지가 뻗어

나가 저렇듯 신록의 잎들을 무성하게 달고 있다.

아름다운 꽃을 피우는 수목도 있다.

만일에 가지가 줄기보다 더 굵고, 줄기보다 뿌리가 더 가늘다면 어떻게 되겠는가.

잎사귀가 가지보다 무거우면 가지는 부러지고 만다.

뿌리와 줄기, 줄기와 가지, 가지와 잎사귀들이 서로 조화를 이루고 있으므로 나무는 비바람에도 안정을 잃지 않는다. 나무는 중도의 마음을 가르치고 있다.

사람의 길도 이와 같다. 마음이라는 줄기와 법이라는 뿌리를 잃어버리고 오관五官이라는 잎사귀의 번뇌에 사로잡혀 있는 까닭에 올바른 삶의 길을 걷지 못하고 있다.”

다섯 사람은 고개를 숙인 채 붓다의 한 마디 한 마디를 가슴 깊이 새겼다.

“나도 어릴 때부터 중도에서 벗어난 인생을 걸어왔다.

왕자를 배경으로 무엇 하나 불편한 것 없이 유복한 생활을 누려왔다. 무엇이든지 하고 싶은 대로 욕심껏 살았는데도 마음의 평안은 없었다. 아니 오히려 만족한 생활을 거듭할수록 의문은 더 크기만 했다.

성 안의 크샤트리아와 성 밖의 수드라의 생활은 너무나 격차가 심하다.

같은 인간인데 어째서 불공평한 계급제도가 있는 것일까.

태양은 계급에 관계없이 누구에게나 공평하게 광열을 비추어 준다. 인간 사회만이 불평등하다. 왜 그럴까.

　나는 생모의 얼굴을 모른다. 의모의 손에 자유롭고 귀하
게 키워졌는데 생모가 아니라는 사실을 알고 난 뒤부터는
생모에 대한 연모의 정이 그칠 날이 없었다.

　이웃 나라와의 전쟁, 파괴, 죄 없는 자의 죽음, 언제 죽을
지도 모르는 불안한 나날이었고, 춘하추동 사계절의 이름
을 딴 별궁들이 언제나 나를 반겼지만 마음의 평안은 없
었다.

　이러한 환경에서는 인간의 깨달음을 이룰 수 없었다.

　카필라를 떠난 후의 6년간은 의식주에 신경을 쓸 필요도
없고 적의 위협도 받지 않는 안정된 생활의 연속이었다.
그러나 번뇌를 소멸하겠다는 가혹한 육체고행은 오히려
육체에 대한 집착을 가중시켜 정도正道를 멀리했다.

　카필라의 유복한 생활도, 가혹한 육체고행도, 똑같이 깨
달음과는 거리가 먼 생활이라는 것을 알게 되었다.”

　붓다의 목소리는 다섯 크샤트리아의 마음속 깊이 파고들어 그
동안의 잘못을 깨닫게 했다. 눈을 감는 자, 고개를 끄덕이는 자,
카필라의 생활과 산중 생활을 회상하는 자, 서로의 모습은 다르
지만 한결같이 수행의 잘못을 깨닫고 있었다.

　붓다는 설법을 멈추고 코스타니야에게 이렇게 질문했다.

　“코스타니야, 너는 카필라 성에서 기녀들이 타는 가야금
소리를 기억하겠지?
　그 가야금 줄을 강하게 조이면 어떻게 되겠는가.
　반대로 느슨하게 조이면 그 소리는 또 어떻게 되겠는가.”

"예, 옛…"

갑자스러운 붓다의 질문에 코스타니야는 얼른 대답을 할 수가 없었다. 잠시 생각한 후 대답했다.

"강하게 조이면 줄이 터집니다.
느슨하면 소리가 나지 않습니다."

"바로 그것이다.
그렇다면 어떻게 해야 좋은지 한번 말해 보아라."

"예, 가야금 줄은 적당히 조여야 고운 소리가 납니다."

"바로 그것이다. 인생도 마찬가지다.
가야금 줄처럼 강하면 터져버린다.
가혹한 육체고행은 오히려 번뇌를 불러일으켜 자칫하면 육체를 잃게 되고 마음은 집착의 화신이 되고 만다.
육체는 인생을 항해하는 배에 지나지 않다.
그 배의 선장인 마음이야말로 영원히 변하지 않는 자신인 것을 모르고 있다.
그래서 육체의 오관에 끌려 다니면서 이리저리 번롱당하고 있다.
둥근 마음을 상실하면 원망, 질투, 험담, 노여움, 욕망 등의 소용돌이에 휘말려 진짜 주인공인 자기 자신을 찾을 수가 없게 된다.

이런 사실을 깨닫게 되면 괴로움이라는 것은 자신의 마음과 행위가 만들고 있다는 것을 알게 된다.

태어나서 병들고 늙어 죽는다.

인생은 괴로움의 바다다.

인간이 이 괴로움에서 해탈하기 위해서는 마음과 행위를 바로잡아야 한다.

양극단의 생활을 버리고 중도中道의 길을 택하는 것이다.

마음을 상실한 가혹한 육체고행으로 번뇌를 소멸하기란 극히 어려운 일이다.

육체주의 오관五官은 모든 현상을 객관적으로 포착하지만 판단은 자신의 마음이 한다.

그런데 그 판단이라는 것이 거의 현상에 현혹되어 오염되게 마련이다.

그래서 생각하는 것, 행동하는 것이 모두 본마음에서 이탈하기 일쑤이다.

상황에 따라서는 예사로 거짓말을 한다.

겉모양을 꾸미고 자기보존을 고수한다.

원래 자신의 마음은 자신에게 충실한 것이다.

자신의 마음에 자신이 거짓말을 할 수 없다.

이 사실은 아무도 부정할 수 없으며 인간이 신의 자식이라는 증거이기도 하다.

태어날 때 인간은 누구나 둥글고 풍부한 마음이었는데 성장과정에서 환경, 사상, 교육, 습관의 영향을 받아 둥근 마음을 비뚤어지게 망친다. 그 결과 마음의 구름이 광명의 평안을 가려 괴로움의 그늘을 짓는다.

나는 평안의 길을 찾아 출가하여 그대들과 함께 우루벨라의 숲속에서 6년 동안이나 엄격한 수행을 하였다.

의문과 모색의 생활을 거듭했지만 해탈할 수 없었다.

소녀로부터 우유 한 잔 얻어 마신 사건을 계기로 그대들은 '고타마는 타락했다' '수행을 포기했다'라고 생각하였으며 평소의 불만을 폭발시켜 우루벨라를 떠나고 말았다.

네란자라 강둑을 따라 멀어져가는 그대들의 뒷모습을 바라보면서 나는 생각했다.

삼씨나 깨씨만을 먹고 있으면 육체는 멸망한다. 육체가 망하고 무슨 수행이 있을 수 있겠는가. 육체를 회복하여 자신을 되돌아보겠다고 나는 그 때 결심하였다.

그래서 죽음을 각오하고 보리수 나무 밑에서 지난 36년을 반성했다.

중도中道라는 척도를 기준으로 삼고 말이다.

그 결과 마침내 삶과 죽음의 집착에서 벗어날 수 있게 되었다. 그리고 일체의 괴로움인 생로병사에서 해탈하는 길은 생각과 행동을 팔정도八正道라는 중도中道의 자로써 바로잡는 생활 속에 있다는 것을 알았다."

차근차근 설법을 풀어가는 붓다의 말은 그대로 빛이었다.

신리의 말은 빛으로 충만해 있다.

듣는 자의 마음이 열려 있으면 그 빛은 모래사장에 물이 스며들듯 아무 막힘도 없이 흘러 들어간다. 그들 다섯은 붓다의 참 언어에 심금이 울렸다. 6년 동안의 잘못에서 눈을 뜨고 새로운 삶의 첫걸음을 내딛기 시작했다.

주위는 벌써 어두워졌다. 이웃 수행자들이 땔감 꺾는 소리가 들려온다.

"모두들 얼굴을 들어라. 벌써 어두워졌다. 땔나무를 모아 오너라. 불을 지피고 다시 설법을 시작하자꾸나."

그들은 겨우 제정신으로 돌아왔다. 코스타니야, 아사지, 밧데야는 먼지와 눈물로 얼굴이 엉망이다. 모두가 다 감격과 감동에 젖어 다리에 쥐가 나는 것도 모르고 있었다.

"예, 옛"

"예..."

아사지도 대답을 하고 일어섰다. 그러나 다리가 마비되어 넘어지고 말았다. 오랫동안 무릎을 꿇고 머리를 땅에 숙이고 있었기 때문에 다리가 마비되었던 것이다. 간신히 일어나서,

"땔감을 가져오겠습니다."

하고 강둑에 평소에 모아 두었던 땔나무를 밧데야와 함께 안고 왔다. 코스타니야는 불씨를 얻으러 이웃 수행장으로 달려갔다. 오목한 장소에 모닥불을 지피고 다섯 사람은 원으로 둘러앉아 붓다의 다음 설법을 기다렸다.

　모닥불은 몸과 마음을 따뜻하게 녹여주었다.

　누구의 얼굴을 보아도 다 싱싱하게 생기가 돌고 있다. 어제까지
의 그들은 길 잃은 새끼양처럼 의혹과 혼미 속을 헤매고 있었지
만 지금은 달랐다. 몸을 녹여주는 모닥불은 신화神火였다. 햇빛에
익은 얼굴들은 불그스레 평안과 기쁨이 넘치고 있었다.

　붓다는 한 사람 한 사람에게 부드러운 시선을 던졌다. 그들의
등뒤에 후광aura이 비치고 환한 보살菩薩의 모습이 똑똑하게 드
러났다.

　　“모닥불과는 달리 황금색의 연한 빛이 붓다님을 감싸고
　　있는데 제 눈의 착각일까요.”

　아사지가 자기 눈에 비친 이상한 현상을 보고 궁금하여 물었다.
그리고 나머지 넷의 둘레도 번갈아 살피는 것이었다.

　　“아사지, 그대 눈에도 보이는가.
　　이 광명은 사람마다 다 다르다. 정직을 마음과 행동의 기
　　준으로 삼고 생활하며 남에게 자애를 베풀고 만족할 줄
　　알며 일체의 집착에서 벗어나 조화의 마음으로 안정될 때
　　에는 마음에 구름이 없기 때문에 광명에 싸이게 된다.
　　그대들의 둘레에도 광명이 내려 있다. 잘 보아라.”

　붓다가 이렇게 설명하자 아사지는 옆에 앉아 있는 밧데야의 얼
굴을 다시 한번 살펴보고 빛을 확인했다. 네 사람의 머리 둘레에
는 둥근 황금색의 광환이 부드럽게 빛나고 있었다. 아사지는 몇

번이나 자신의 눈등을 문지르고 눈을 깜박거렸다. 그러는 동안 아사지는 무엇을 깨달았는지 가슴 속에서 치밀어오르는 감동을 누를 길이 없어 그만 울음을 터뜨리고 말았다.

사로몬들의 후방 좌우에 빛나는 황금색 후광aura 속에는 저 세상의 천사들이 마찬가지로 감격에 겨워 눈시울을 적시고 있는 모습이 붓다의 심안에는 환하게 보였다. 깨달음을 처음 열었을 때 몇 번인가 모습을 보였던 브라흐만과 비슷한 복장을 한 혈색이 좋은 천사들의 자비에 넘치는 모습들이었다.

붓다는 문득 지금 이 곳은 미가다야가 아니라 바로 천국이 아닌가 하는 착각이 들었다.

주위는 어두워졌다. 숲도 강도 대지도 평안한 잠에 빠졌다. 모닥불의 불길만 밤의 휴식을 거부하는 듯 바스락거리며 타오르고 있다.

"사로몬들이여, 마음을 진정해서 내 말을 들어라."

다섯 사람을 둘러보며 붓다가 말을 계속했다.

"그대들은 천국에서 스스로 어버이를 선택해서 육체와 인연을 맺고 이 세상에 태어났다. 태어난 환경도 모두 자기 자신의 의사가 결정해서 선택한 것이다.
그런데 이 세상의 생활을 거듭할수록 어버이에 대한 감사의 마음을 잊어버리고 보은의 도리를 다하지 못하고 있다. 불평 불만으로 지새고 있는 것이 대부분의 인생이다.

그러나 인생에 있어서의 부, 지위, 명예라는 것은 이 세상에 한정되는 것이며 영원한 것이 아니다.

이 점을 단단히 명심하여라.

태어날 때 발가숭이였으면 죽을 때도 발가숭이다.

그런데 이 진실을 모르고 가난한 집안에 태어나면 마음까지 가난해지고 반대로 유복한 가정에 태어나면 감사의 마음을 잊어버리고 교만과 사치로 타락한다.

어떤 사람은 자신의 환경에서 욕망의 포로가 되어 만족할 줄 모르며 괴로움만 쌓아간다. 슬프고 가엽다.

인간이란 어쩌면 이렇게도 어리석고 우둔해지는 것일까…

사로몬들이여,

그대들은 무엇보다도 먼저 이러한 사실에 눈뜨고 이 괴로움에서 벗어나도록 해라.

스스로의 마음을 스스로가 묶는 그 쇠사슬을 푸는 데는 올바른 척도를 가지고 매일의 생활을 다스려나가는 길밖에 없다.

비뚤어진 생각과 행동은 버려야 한다.

미가다야의 자연을 둘러보아라.

산천초목은 조화를 이루고 있다.

살려지는 대로 살아가고 있지 않는가.

새들과 짐승들의 생활은 얼핏 약육강식처럼 보이지만 잘 살펴 보면 그들은 자신을 살리면서 남을 살리고 있다.

호랑이나 하이에나는 배가 부르면 먹이가 코앞에 와도 결

　코 덮치지 않는다.

　초식 동물이 많아지면 초목이 멸종한다.

　그렇다고 초식 동물이 없으면 초목은 자라기 힘들다.

　그들은 자연의 섭리에 따라 자연을 살리며 스스로를 살리고 있다.

　자연은 서로 의존해 가면서 조화를 이루고 있다.

　동물들의 약육강식의 모습만을 보고 인간사회에 해당시키려고 하면 무리가 생긴다. 그들은 그러한 모습을 통해서 전체를 살리고 있기 때문이다.

　인간은 서로 상부상조하면서 자연까지를 포함해서 보다 높은 차원의 조화를 이루어 나가야 하는 존재다.

　그럼에도 불구하고 욕망의 와중에 스스로 빠져들어 시비와 싸움으로 날을 새고 있다.

　호랑이들끼리 서로 살생하는 것을 보았는가.

　깊이 깊이 명심해야 할 일이다.

　내가 설하는 법은 대자연의 만생만물이 서로 관계를 맺는 가운데 전체를 안정시키고 있는 것과 같다.

　무엇보다도 먼저 자기보존, 아욕의 마음과 행동을 버리고 인류는 모두 형제라는 자각으로 돌아가지 않으면 안 된다는 것이다.

　그리고 인류사회에 봉사해야 한다.

　괴로움이라고 생각하지 말고 실천해야 한다.

　괴롭다고 생각하는 자아가 있어서는 실천은 되지 않는다.

　그러니 괴로움이라고 생각하지 않는 자기 자신을 만드는

자기 확립이 무엇보다도 중요한 선결 문제다.

이 문제를 해결하는 길은 여덟 가지의 기준을 생활의 지침으로 삼고 자기 자신의 마음과 행동을 다스려 나가야 하는 길 뿐이다.

**바르게 볼 것. [정견正見]**

**바르게 말할 것. [정어正語]**

바르다는 것은 한쪽으로 기울어지지 않는 중도中道를 말한다.

상대방이 하는 말, 그리고 자기 자신의 견해에 편견이 있는가 없는가 살펴보아야 한다.

인간은 자칫하면 자기중심이 되어 남을 다치게 하고 자신의 마음에도 상처를 입힌다.

불리한 일이 있어도 늘 제 3자의 입장에서 올바른 판단과 말을 해야 한다.

**바르게 생각할 것. [정사유正思惟]**

**바르게 전념할 것. [정념正念]**

오관五官을 통해 우리 마음 속에 일어나는 현상, 즉 사고하고 사념하는데 있어서도 한쪽으로 기울어지지 말아라.

생각한다는 것은 사물을 만들어 내는 원동력이 되며 바로 창조의 진원이 되기 때문이다.

마음 속에 부조화한 것을 사고 사념하면 머지않아 그 부조화를 사람들에게 전파시켜 자기 자신에게 되돌아온다.

자신의 이익만을 생각하고 상대방의 불행을 사념하는 일은 결코 있어서는 안 된다.

언제나 원만한 중도中道의 마음을 지니고 노여움, 비난, 시기 질투, 원망, 불평 불만 등을 멀리하여 만족할 줄 아는 생활을 유지한다면 마음은 광명으로 충만하고 평안의 경지에 들 수 있다.

**바르게 일할 것. [정업正業]**

스스로 선택하여 부여된 직업은 그대로 천직으로 알아야 하며 그 일을 통해서 인생을 공부해 가야 한다.

일이나 직업은 인생의 경험을 풍부하게 하는 지상의 학습장이라는 사실을 명심해야 한다.

직업은 인간이 살아가는 데 있어서 서로가 서로를 필요로 하는 중요한 것이며 따라서 건강하게 일할 수 있는 일상에 감사하지 않으면 안 된다.

감사는 보은에 의해서 열매를 맺는다.

농부는 들판에 나가서 땀흘려 수확을 거두어 들임으로써 생계가 유지된다.

보은이란 남에게 베풀고 보시하는 것이다.

곤란한 처지의 사람들을 옆에 두고도 못 본 체하거나 자기 보존에 빠지는 것은 스스로 괴로움의 씨를 뿌리는 짓이다.

일이라 해도 남에게 해를 입히는 일은 바르다고 볼 수 없다.

**바르게 살 것. [정명正命]**

**바르게 중도中道에 정진할 것.[정정진正精進]**

**바르게 정定에 들 것. [정정正定]**

기울어진 인생을 걸고 있는가 아닌가.

　인간의 도리에서 벗어나지는 않았는가.

　명상의 반성을 통해서 마음의 때를 벗기는 일을 소홀히 하고 있지나 않는가.

　나는 36년 동안의 인생에서 생각하는 것, 행동하는 것, 하나하나를 반성해서 마음의 구름을 벗기고 일체의 집착에서 벗어났다.

　평안의 경지는 이렇게 해서 얻을 수 있었다.

　그대들도 지금부터 오늘날까지의 인생을 하나 남김없이 훑어보고 팔정도八正道에 거슬린 상념행위가 있었다면 진심으로 신에게 용서를 빌고 두 번 다시 같은 잘못을 저지르지 않도록 맹세해야 한다.

　반성은 어두운 인생항로를 수행하는 인간에게 부여된 신의 위대한 자비이다.

　짐승들에게 반성의 능력이 없는 것을 보면 알 것이다.”

붓다의 말은 콸콸 솟아나는 샘물처럼 그침없이 흘러나왔다.

그리고 다섯 명 사로몬의 가슴에 빛이 되어 스며들었다.

빛의 둥근 테는 확대되어 갔다.

　그들 다섯은 그 동안의 수행의 잘못과 정법의 위대성을 깨닫고 옷깃을 여몄다. 그리고 마음의 평안을 얻는 데는 스스로 올바른 마음과 행동을 쌓아가는 길밖에 없다는 것을 깨달았다.

　“붓다,
　우루벨라에서의 행동을 용서해 주십시오.”

코스타니야는 이렇게 말하고 그만 울음을 터뜨리고 말았다. 완고하게 굳었던 그의 마음에 붓다의 자비의 광명이 스며들었던 것이다. 코스타니야의 큰 몸체가 앞뒤로 흔들렸다. 그의 통곡은 초목의 잠을 깨우고 대지를 쥐어 흔들었다.

누구랄 것 없이 붓다의 설법에 감격하여 오열하고 있었다.

　"코스타니야, 잘못을 솔직하게 시인하는 그 마음이 소중
　한 것이다. 그 마음을 잊어서는 안 된다."

붓다는 오른손을 들어 코스타니야에게 자비의 빛을 비추어 넣었다. 코스타니야의 참회의 눈물은 넷의 마음에도 전달되었다. 우루벨라에서의 실수는 코스타니야 혼자만의 잘못이 아니었다. 네 사람 모두 그 때의 고타마의 행동에 의문을 품고 있었으며 그렇기 때문에 코스타니야와 행동을 함께한 것이 아니었던가.

만일 넷 가운데 누군가 한 사람이라도 한 모금의 우유가 무엇을 의미하였으며 6년의 고행에 종지부를 찍은 고타마의 마음을 짐작해 볼 수 있었다면 코스타니야의 말에 따르지는 않았을 것이다. 그들 역시,

　'고타마는 수행을 포기하였다'라고 잘못 생각했던 것이다.

붓다의 설법을 듣고 지난날의 잘못을 반성해 보니 코스타니야의 참회는 그대로 넷의 참회이기도 했다.

아사지도 밧데야도 마하 나만도 그리고 우파카도 마음속 깊이 우루벨라의 사건을 반성·참회하였다.

코스타니야는 붓다의 자비로운 말에 대답도 못한 채 몸을 떨고 있었다. 이윽고 진정을 되찾자,

"붓다,
지금의 말씀 명심하여 중도中道의 마음을 척도 삼아 수행에 정진하겠습니다. 부디 앞으로도 저를 버리지 마시고 이끌어 주시기 바랍니다."

라고 말했다. 아사지가 일어섰다.

"붓다,
저는 지금부터 팔정도八正道의 조리에 맞추어 지난날을 하나 남김없이 반성하고 오겠습니다."

하고 어두운 숲속으로 사라졌다.

아사지가 사라지자 잇달아 밧데야, 마하 나만, 우파카도 명상의 장소를 찾아 제각기 붓다의 곁을 떠났다.

코스타니야만이 붓다 곁에 그대로 앉아 붓다와 함께 명상에 들어갔다.

## §다섯명의 아라한

　명상은 단순히 무상無想의 경지에 드는 것이 아니다.

　마음의 때를 그대로 둔 채 무상無想에 들면 마음의 때에 상응한 부조화한 결과를 초래한다.

　가령 신불神佛을 갈구하는 마음과 명예, 권력, 재물 등에 대한 욕심이 함께 잡거하고 있으면 그 욕심에 상응한 마魔를 불러들이게 된다.

　마왕, 아수라, 동물령 등을 불러들이게 되는 것은 마음의 때를 벗기지 않고 무상無想의 상태가 되는 순간에 일어나는 현상이다.

　물론 무상無想의 순간은 비단 명상의 경우에만 있는 것이 아니다. 일이나 염불에 무아지경이 되었을 때도 마찬가지다.

　무상無想에는 여러 가지 의미가 있지만 그것은 반성을 깊이 하는데 가장 큰 도움을 준다.

　다섯 제자들은 붓다가 가르친 대로 팔정도를 마음의 척도로 삼고, 태어났을 때부터 10대, 20대… 연차순으로 자신의 과거를 되돌아보며 잘못을 반성해 갔다.

　마음의 평안은 자신이 저지른 잘못, 즉, 마음의 때를 벗기고 위대한 신의 빛을 받아들임으로써 비로소 얻을 수 있는 것이다.

　코스타니야는 카필라 성의 무장武將이었다. 그의 무술은 뛰어났다. 그래서 남을 멸시하는 버릇과 거만한 성격이 있었다. 윗사람에겐 저자세로 아랫 사람에겐 고자세로 대했다.

이 코스타니야만이 붓다 곁에서 반성의 명상을 계속하고 있다. 그의 반성이 진짜라는 것은 한 줄기 법열의 눈물로 알수 있었으며 붓다의 심안으로서도 확인되는 일이었다.

그는 지난날의 자신을 샅샅이 뒤졌다. 그의 완강한 성격과 집착이 언제, 어디로부터 싹터 자랐으며 현재는 어떠한 모습으로 자신의 내면을 형성하고 있는가를 추궁하였다.

나머지 제자들도 코스타니야처럼 과거의 죄를 하나하나 반성하고 신에게 용서를 빌었다.

그리고 두번 다시 같은 잘못을 되풀이하지 않겠다고 다짐하였다.

이튿날 저녁 무렵이었다.

그들의 얼굴은 첫날보다 더 밝아졌다.

동시에 그들의 몸에서 발산되는 후광aura의 양도 많아졌으며 환하게 빛나기 시작했다.

마음의 때와 녹의 일부분이 벗겨진 그 틈새로 광명이 흘러들었던 것이다.

후광aura의 양은 그 사람의 마음의 조화도調和度에 비례한다.

조화도調和度란 신불의 자녀로서의 자각이며 그에 근거한 상념의 상태와 행위를 의미한다.

조화도調和度는 반성에 대한 노력, 겸손한 태도에서 우선 이루어진다.

어떠한 보석이라도 외부의 힘에 의해서 갈고 닦지 않으면 내부의 광채는 빛나지 않는다.

우리들의 상념과 행위도 중도中道라는 법에 따른 생활의 되풀이로 말미암아 후광aura의 광량이 달라진다.

다섯 제자는 붓다를 둘러싸고 간밤의 반성의 진도에 대해서 이야기를 나누고 있었다.

코스타니야가 붓다에게 아뢰었다.

"불평·불만이 많은 저를 버리지 않으시고 여기까지 지도
해 주셔서 감사합니다. 이제야 겨우 본래의 자신을 되찾
은 것 같습니다."

오만불손한 그도 이제는 불제자의 한 사람으로서 우선 겸소한 자신으로 돌아왔다.

"코스타니야, 그대의 불손한 태도는 자신의 마음을 상하
게 하여 스스로 괴로움의 씨앗을 뿌리고 있었다.
불평·불만은 스스로의 상념과 행위를 엇나가게 하는 원
인이다.
상대방의 마음과 행동에 대해서 관대한 마음으로 이해를
한다면 불평·불만도 일어나지 않을 것이다.
자기 편애偏愛가 불평이 되고 화가 되며 비방, 질투, 온갖
욕심이 화신이 된다는 것을 알아야 한다.
그러나 우루벨라의 사건은 내게도 인생을 되돌아보게 한
큰 계기가 되었다.

정도正道를 구하고 항상 노력하는 사람은 아무리 사소한
일이라도 그 속에 큰 깨달음을 얻을 수 있는 요소가 숨어
있다는 것을 깊이 인식한다.”

붓다의 설법은 붓다 자신의 체험이었으며 그런 만큼 그들의 마
음에 실감 나게 전달되었다.

크샤트리아는 치밀어오르는 감동과 자책의 마음을 동시에 억누
르고 있었다. 눈에 큰 눈물 방울을 담은 채…

간밤에도 그랬지만 오늘밤도 구름 한 점 없는 하늘에는 별들의
잔치가 흐드러지게 벌어지고 있었다.

이따금 긴 꼬리를 남기면서 별이 흘러갔다.

붓다의 설법이 계속되었다.

“인간은 누구나 장님이다. 잘못을 저지르기 쉽다.
　타인의 마음을 이해한다면 조화의 길이 열리리라.
　그러나 대부분의 인간은 자기보존의 마음에 속박되어 타
인도 자신도 못보게 된다. 부조화는 거기서 생겨나며 괴
로움과 슬픔의 원인이 된다는 것을 알아야 한다.
　마음의 올바른 기준을 지니고 그 원인을 철저하게 추궁하
여 반성하는 생활이 무엇보다도 중요하다.
　잘못을 솔직하게 인정하고 수정하며 두 번 다시 같은 잘
못을 되풀이하지 않는 생활이야말로 스스로의 마음을 풍
족하게 하고 고해苦海의 인생에서 벗어나게 한다.
　마음을 바르게 하는 길은 지금 당장 실천하는 길뿐이며

내일이 있다고 미루어서는 안 된다.

인생은 무상無常하며 죽음은 언제 올지 모르는 일이다.

오늘 할 일은 오늘 하고, 늘 마음의 정리를 해서, 날마다 오늘의 인생에 감사하고, 마음과 행동이 충실한 하루가 되어라.

선정禪定은 자신의 마음과 행동의 일체를 정도正道에 비추어 잘 반성하여 마음속의 구름을 벗기는 것이다.

마음에 구름이 끼면 평안한 광명을 스스로 가리고 있는 셈이다.

뿐만 아니라 구름 낀 마음은 어두운 부조화의 세계로 통하며 그 상태에서 참선을 하면 마라, 킨나라, 마가라, 아수라 등의 지옥령을 불러들여 마음의 자유를 잃게 된다.

마음 속에 집착을 가지지 말아라.

집착은 올바른 마음과 행동에 대한 자각심을 잃게 하여 일생을 망친다.

집착에서 떠나 항상 평안한 마음이 되면 참선은 그대로 실재계로 통하여 삼매의 기쁨에 잠길 수 있다.

오늘부터 여덟 가지의 정도를 마음의 척도로 삼고 정진하기 바란다.”

찬찬하게 흘러나오는 신리神理의 말은 쉴새없이 솟아나는 샘물처럼 그칠 줄 몰랐다. 붓다는 여기까지 말하고 나서 한숨 돌려 다섯 사람의 얼굴을 둘러보았다.

밧데야, 아사지, 코스타니야… 다섯이 다 붓다의 설법을 한 마디 남김없이 가슴 속에 새기고 있었다.

겨우 어제와 오늘의 일이다.

하지만 그들에겐 지난 6년 동안의 육체고행이란 연륜年輪의 반석이 있었다. 긴 세월 탐구해온 정법 신리神理라 하지만 하루 이틀 동안에 다 이해될 리 없었다.

모두의 얼굴에 역시 조급함이 서리고 있었다.

마하 나만이 입을 열었다.

　"붓다, 저같은 사람도 깨달을 수 있겠습니까?
　저는 붓다의 설법을 들으니 지금까지의 인생에 환멸을 느끼며 무엇 하나 잘한 짓이 없습니다.
　언제나 나 자신만을 생각하여 욕망의 소용돌이 속에서 살아 왔습니다. 수드라에게도 오만불손하게 대했으며 그들을 인간 취급도 하지 않았습니다. 자신에겐 관대하고 남에겐 엄격했습니다. 제 자신이 싫어졌습니다. 도대체 이런 인생을 어떻게 참회해야 합니까."

나머지 넷도 나만의 질문을 자기 일처럼 생각하였다.

　"나만, 그대는 자신의 결점을 잘도 찾아내었다.
　정도正道를 모르는 자는 자기의 결점을 찾지 못하는 법이며 같은 번뇌를 되풀이할 뿐이다.
　그대는 저지른 잘못을 참회하려고 하고 있다.
　훌륭한 일이다.

　인간은 태어나면서부터 성자가 되는 것이 아니다.

　올바른 마음과 행위를 쌓아 감으로써 자신을 완성시킬 수 있다.

　나아가 자비의 마음으로 중생의 고통도 제도할 수 있다. 이런 사람이야말로 광명에 둘러싸인 훌륭한 인간이라고 할 수 있다.

　인간은 다 평등하며 빈부에 의해서 인격이 구별되는 것은 아니다.

　생활이 가난하여도 마음이 풍족한 사람도 있으며 반대로 생활이 풍족하여도 마음이 메마른 자도 있다.

　만족할 줄 모르고 욕심에 눈 먼 자는 마음 속에 무수한 고통의 독을 만들고 있다.

　그대는 지금의 그 겸허한 마음을 잊어서는 안 된다."

붓다는 나만의 솔직한 고백을 기뻐했다.

　"예, 잘 알았습니다."

　나만은 이렇게 대답하고 나자 그 자리에 엎드려 울음을 터뜨렸다. 붓다의 자비의 광명에 젖어버린 것이다.

　도를 구하는 자의 마음은 어린이처럼 아름답고 순수하다. 할 수만 있다면 당장에 신의 영광을 내려주어 인간의 가치를 알려주고 싶지만 정법의 길이라는 것은 어디까지나 자신의 노력, 용기, 지혜에 의해서 체득되는 것이지 결코 남으로부터 얻어지는 것이 아니다.

인간은 너나 할 것 없이 신으로부터 평등하게 그 지혜를 부여받아 스스로 깨달아 갈 수 있도록 틀이 짜여 있다.

자비의 빛은 달빛처럼 길을 밝혀줄 수 있지만 길을 걷는 나그네는 아닌 것이다.

나그네 자신의 마음만이 무명을 헤매느냐, 아니면 깨달음의 피안에 이르느냐 하는 열쇠를 쥐고 있다.

그들 다섯은 붓다의 지도를 받으며 선정禪定의 마음을 붙들고 반성의 계단을 밟아 올라갔다.

닷새째 날이 되자 강직한 코스타니야가 맨 먼저 마음의 문을 열었다. 그는 자기 자신의 전생윤회의 과정을 깨달았으며 전생에서도 붓다의 가르침을 배워 방황하는 중생을 제도하였다는 기억을 과거세의 방언으로 말하는 것이었다. 그리고 인생의 목적과 사명에 눈 뜨고 아라한의 경지에 도달했다. 아라한 제 1호의 탄생이었다.

엿새쩨 날엔 아사지가 마음의 문을 열었다. 잇달아 밧데야가 그 경지에 이르러 고대 인도어를 말하기 시작했으며 그 법열法悅이 붓다의 가슴에 와 닿았다.

남은 것은 우파가와 나만 둘뿐이었는데 이 두 사람도 이렛째 날엔 기근이 정리되고 역시 아라한이 되었다.

이와 같이 최초의 제자 다섯은 일 주일 동안의 반성과 실천으로 마음의 문이 열려 붓다의 제자다운 경지에 이를 수 있게 되었다.

되돌아보면 이들 다섯은 카필라 시절부터 언제나 붓다의 곁에 있었으며 싸움터에서는 호위병 노릇을 하였다. 힘이 좋았고 무술도 뛰어났다.

붓다가 출가하자 숫도다나는 맨 먼저 이 다섯이 머리에 떠올랐다. 그래서 카필라에서처럼 붓다의 수행을 돕는 호위병 노릇을 명했던 것이다. 당연한 일이었다.

그러나 사실대로 말하면 그와 같은 부왕의 보살핌은 오히려 붓다의 깨달음을 지연시킨 원인이 되었다.

자신을 바라보는 정도正道의 첫째 과정은 자신을 아는 것이었기 때문이다.

자신을 아는 데는 친구나 시중이 필요 없을 뿐더러 오히려 방해가 된다. 자신을 바라보는 기회가 빼앗기는 경우도 종종 있었으며 늘 집단행동을 취하지 않으면 안 되었으므로 자신의 뜻에 어긋나는 일도 더러 있었다. 몸이 아플 때는 밤잠을 자지 않고 간호해 주었다. 약초를 구하러 산짐승이 출몰하는 위험한 장소까지 가지 않으면 안 될 때도 있었다. 그리고 이 다섯 명의 크샤트리아는 모두 젊고 힘이 남아 돌았다.

모닥불을 둘러싸고 탁발 이야기가 나오면 여자가 화제에 올랐다. 어느 집은 자기에게 호감을 가지며 손에 들지 못할 정도로 보시를 많이 해준다. 어느 집엔 미인 자매가 있어서 같은 시간에 가면 반드시 문간에 서서 기다렸다가 친절하게 맞이해 준다. 탁발은 생활하는데 중요한 일과 가운데 하나였지만 때로는 이와 같이 정념을 불태우는 불씨가 되기도 했다.

우루벨라의 사건으로 다섯이 떠나간 후 혼자가 되었을 때 비로소 고타마는 출가의 염원이 이루어지는 기회를 잡았다. 만일 그때 그런 사건이 일어나지 않고 그대로 함께 수행하고 있었다면 마음의 그늘을 광명으로 바꿀 수도 없었을 것이며 슈바라의 경지에 도달할 수도 없었을지 모르는 일이었다.

행인지 불행인지 다섯은 숫도다나의 명을 어기고 고타마를 버리고 떠났다.

출가한 지 6년 만에 고타마는 혼자 몸이 되어 출가의 목적을 달성할 수 있었다.

지금 이렇게 다섯 크샤트리아가 저마다 아라한의 경지에 다달아 붓다의 제자가 되었다.

그들 역시 목적을 이루었다.

6년의 고행은 되돌아보면 결코 헛된 것이 아니었다.

하지만 우루벨라의 사건이야말로 오도悟道에의 일대 전환점이 아닐 수 없으며 그들 역시 그 일로 인해서 자신을 알 수 있게 된 것이었다.

붓다는 아라한의 경지에 이르러 마음의 문을 열어가는 다섯의 모습들을 보고 정법 포교에 대한 큰 자신감이 생겨났다.

아라한들은 붓다를 위해서 비바람을 피할 수 있는 움막을 지었다. 낮에는 탁발을 하면서 그날 그날을 만족할 줄 아는 생활로 일관했다. 식량을 저축하는 짓은 하지 않았다. 밤이 되면 반성의 선정을 계속하여 조화의 마음을 더욱 다져 나갔다.

　바라문 수행자들과의 교류는 거의 없었다. 그들은 붓다가 기거하는 움막을 보고 다섯과 사제의 관계를 맺고 수행에 정진하고 있다는 것을 어렴풋이 알고는 있었지만 붓다의 설법을 들으려고는 하지 않았다.

　움막과 다섯 명의 제자, 다른 교단에 비하면 너무나 초라한 풍경이 사로몬들의 관심을 끌지 못했으며 붓다의 설법을 듣겠다는 귀를 막는 원인이 된 듯 싶었다.

　인간은 오관五官에 사로잡히면 그 외형에 마음이 빼앗긴다. 겉모양을 보고 그 내용까지 평가해 버린다.

　당시의 바라문 계급은 이를테면 지식층이었으며 자기들만큼 훌륭한 사람은 없다고 늘 자부심에 젖어 있었다. 더욱이 그들의 교단은 다른 교단을 압도하고 있었으며 누구나 그렇게 인정하고 있었다. 바라문교 이외에는 모두가 이교이며 아류의 외도였다. 인정되는 것에는 따르지만 진실한 것에는 눈을 돌리는 나쁜 습관이 그들에겐 있었다.

　다섯 아라한은 근처에서 수행중인 그들을 붓다에게 귀의시키려고 애를 써 보았지만 그들은 냉담했다.

(2권으로 이어집니다)

인간석가 1 위대한 지혜    Human Buddha 1

글쓴이    고교신차 高橋信次

옮긴이    김해석 金海錫

편 역    김윤이 金尹伊

발행일    1판        / 1996년 5월 24일 / 미리내

        개정판    / 2025년 11월 28일 / 엘

ⓒ본서는 1996년 미리내 출판사에서 출간된 《인간석가》의 개정판입니다.

펴낸곳

이메일    yuneeyeliz@gmail.com

ISBN    979-11-991744-2-9

가 격    18,000원

책정보

엘
EL
좋은 디자인 출판사

EL